S.I.-Insel- und Touristikführer

fast alles über Borkum

Informationen, Texte, Tips für
Urlauber, Gäste und Einheimische

S.I.-Verlag Raisdorf/Kiel
Zusammengestellt und herausgegeben
von Hans D. Schwarz

6. überarbeitete Auflage

ein pfiffiges Urlaubsmitbringsel
Preis 7,90 DM
(natürlich von S.I.)

Impressum

6. Auflage 1998, 12.000, 1. Aufl. 1988, bish. Gesamtauflage 64.000. S.I.-VERLAG, Am Rosensee 15, 24223 Raisdorf, Tel. 04307/ 832112, Fax 832115, Projekt-Nr. 9850.

Copyright sowie alle anderen Rechte, einschl. des Gebrauchsmusterschutzes, beim Verlag. Der Nachdruck, auch einzelner Teile, bedarf der Genehmigung des Verlages.

ISBN 3-928411-00-4

Druck: Howaldtsche Buchdruckerei, Kiel

Umschlagentwurf und Layout: vertikal!, Kiel, Tel. 0431-97450-0

Bildnachweis: W. Richter (2), H.D. Schwarz (17)

Vignetten: Anja Schröder und Susanne Pille, S.I.-Verlag;

Karten und Skizzen: S.I.-Verlag.

Wir danken unseren Autoren:
Frau F. Rote, Borkum
Herrn Pastor Kessler, Borkum
Herrn W. Richter, Borkum
Herrn G. Stein, Borkum
Herrn Schultenkötter †, Norderney
Herrn Aswat, S.I.-Verlag, Kiel
sowie der Borkumer Kleinbahn
der AG EMS
der Kurverwaltung Borkum
und der Nationalparkverwaltung Niedersächsisches Wattenmeer für die freundliche Mithilfe bei der Materialbeschaffung.

Unser besonderer Dank gilt Herrn Reinhold W. Feldmann, Borkum, für das Korrekturlesen.

Gedruckt auf nordseeschonendem TCF-Papier mit 50 % Recyclinganteil.

Inselkarte Borkum
mit örtlich überprüften Wanderwegen
unentbehrliche Orientierung
für den Inselurlaub. Bisherige
Gesamtauflage über 100.000 Stück.
Preis 4,50 DM
(natürlich von S.I.)

Inhalt

Gebrauchsanweisung und Dank	7
Zu Lande, zu Wasser und durch die Luft - Wie man nach Borkum kommt	10
Wir stechen in See, der Urlaub beginnt - Was es auf einer Fahrt nach Borkum zu sehen gibt	12
Nordlichter können ganz schön schnell sein - Der erste deutsche High-Tech-Katamaran MS "Nordlicht" verkehrt zwischen Emden und Borkum	13
Nicht nur Witze - Ostfriesische Kurzbeschreibung	14
Die Ostfriesischen Sieben - Stichworte zu den Ostfriesischen Inseln	16
Von Bohnen und Bahnen - Stichworte zu einer Insel	19
Inselsteckbrief - Zahlen und Fakten von Borkum	22
Insel mit Bahnhof - Über Hundert Jahre Borkumer Kleinbahn	22
Nicht nur für Aktive - Urlaubsgestaltung á la Borkum	27
Gesundheit ist das halbe Leben - Kurangebote	28
Geschichte zum Anfassen - Das Borkumer Heimatmuseum und der Alte Leuchtturm	30
Speckmesser und Spinnräder - Geschichten aus der Walfängerzeit	31
Nach Leib und Seele - Borkum und seine Kirchen	33
Ein Wochenende auf Borkum - Vorschläge für einen Kurzurlaub	34
Einladung zum Strand - Was man alles so entdecken kann	35
Inselrundfahrt	36
Borkum-Runden - Vorschläge für Wanderungen	40
Ein Streifzug durch die Borkumer Küche	40
Boontje Sopp	42
Der Nationalpark Niedersächsisches Wattenmeer	42
Dünenschutz - Warum und wie?	43
Damit die See lebt - Umweltschutz von langer Hand	44
Das Watt - Eine eigene Welt	46
Interessant zu jeder Jahreszeit - Vögel auf Borkum	49
Von Tonnen, Türmen und Feuerschiffen - Seezeichen und Seenotrettung	50
Rundblick - Besuchshinweise für Emden, Juist, Norderney, Groningen, Greetsiel	54
Käse und Holzschuh - Der holländische Nachbar	60
"Maak tau" - Schnellkurs in "Borkumer Platt"	62
"Datt kann gebeuren" - Feste und Brauchtum auf Borkum	64
Wichtige Adressen (Infoteil) (s. ges. Inhaltsverzeichnis)	ab 67

Delfter Stuben und Fischerdorf
Das Fischrestaurant No 1

Gutbürgerliche Küche, Fleischspezialitäten.
Preiswert, schnell und gut

Bismarckstraße 6 – gegenüber der Post
Tel. 20 11

Geöffnet von 11.30 - 14.00 und 17.00 - 23.00 Uhr.
Küche von 11.30 - 14.00 und 17.00 - 22.00 Uhr.

Infoteil

1. Hinkommen und wegfahren
Tips für die Reise **67**

2. Das rote Telefon
Wichtige Rufnummern **70**

3. dit und dat
Nützliches für den täglichen Urlaub **72**

4. Essen, Trinken, Gastlichkeit
Cafés, Restaurants, Hotels, Unterkunfts-
möglichkeiten **73**

5. Kurangebote
Alles für die Gesundheit **77**

6. Spiel und Spaß
Hobbies, Spiel und Sport **78**

7. Szene
Museen, Theater, Konzerte, Erlebenswertes **80**

8. Leib und Seele
Kirchen, Gemeinschaften, Lebenshilfen **83**

Verkleinerter Ausschnitt aus der S.I.-Inselkarte Borkum 1:25.000. Die Originalkarte ist zum Preis von 4,50 DM im örtlichen Handel erhältlich. Copyright 1994 S.I.-Verlag, Raisdorf/Kiel

Ferieninsel Borkum

Das Wappen von Borkum

BORKUM
MEDIIS TRANQUILLUS IN UNDIS

Der lateinische Wahlspruch (geborgen inmitten der Wellen) entstammt dem ältesten Kirchensiegel der reformierten Gemeinde. Die blasenden Wale auf der linken Seite erinnern an die große Zeit Borkums als Walfängerinsel im 18. Jahrh., der alte Leuchtturm rechts an die jahrhundertealte Funktion als Seezeicheninsel. Rechts zeigen sich die "ostfriesischen" Nationalfarben schwarz, rot, blau, links steht das Grün für die "grüne Insel".

Gebrauchsanweisung und Dank

Sicher kennen auch Sie den Teil der Reisevorbereitung, der sich in einem Stapel mit Prospekten, Handbüchern, handschriftlichen Notizen, Telefonnummern usw. niederschlägt und sicherstellen soll, daß der Urlaub oder auch das Kennenlernen einer unbekannten Gegend anregend, interessant, informativ und trotzdem erholsam wird. Wir haben uns gemeinsam mit Fachleuten bemüht, diesen "Zettelkasten" für Sie einmal zusammenzustellen. Dabei haben wir ein bescheidenes "Fast" in den Titel gesetzt, denn wir hoffen, daß dieses Büchlein Ihnen Anregungen gibt, selbst noch Neues und vielleicht Ihnen und uns Unbekanntes zu entdecken. Wenn Sie meinen, daß Ihre Entdeckungen auch für andere interessant sind, teilen Sie es uns mit, damit die nächste Auflage noch hilfreicher, gehaltvoller und vielleicht auch amüsanter wird.

Bei der Gliederung des Materials sind wir davon ausgegangen, daß Sie einerseits möglichst qualifizierte und intensive Informationen wünschen, aber andererseits auch einen schnellen Überblick brauchen. *Für die kurze Information ist der Info-Teil am Ende des Büchleins gedacht.* Hier finden Sie wichtige Adressen, Telefonnummern, Anregungen und auch Angebote regionaler Betriebe, die Ihnen helfen wollen, sich auf Borkum wohlzufühlen und auf gewohnten Komfort und Dienstleistungen "in der Fremde" nicht verzichten zu müssen.

Vielleicht kennen Sie Borkum bisher überhaupt noch nicht. Wir sagen Ihnen, wie Sie hinkommen. Wir geben Ihnen dann Tips, was man in der Freizeit alles machen kann, erzählen Ihnen etwas über die "alte Insel", ihr Brauchtum und ihre Besonderheiten. Aber was wäre Borkum ohne das Watt, die deutsche und holländische Küste und die ostfriesische Küche. Von all diesen Themen sollten Sie schon etwas wissen, bevor Sie sich auf die Reise machen.

Auf Borkum angekommen, möchten wir Ihnen dann auch Ostfriesland mit seinem holländischen Nachbarn, mit den Menschen und ihrem noch viel gesprochenem Plattdeutsch vorstellen und Ihnen Tips geben für Ausflüge in die Umgebung, für Wander- und Radfahrten, Museen usw. Wir hoffen, das alles macht Ihnen viel Spaß.

Dieses Büchlein erscheint bereits in der 6. Auflage. Unsere Absicht war nicht, ein auf Jahrzehnte konzipiertes Handbuch zu schaffen, sondern jedem Interessierten aktuelle Informationen zu liefern. Deswegen beabsichtigen wir, in etwa 2 Jahren die 7. Auflage herauszubringen und können es bei diesem Konzept auch wagen, ganz aktuelle Informationen und Telefonnummern anzubieten. Hier danken wir besonders auch Vereinen und Gewerbetreibenden, die uns bei der Zusammenstellung des Info-Teils behilflich waren und teilweise durch ihre Anzeigenschaltung den günstigen Verkaufspreis des Büchleins mit ermöglicht haben. Wir hoffen, daß unser "Zettelkasten" auf diese Weise ein hilfreiches "Notizbuch" für alte und neue Freunde der Ferieninsel Borkum wird.

Raisdorf, im Okt. 1997
S.I.-Verlag

Upstalsboom

Nautic-Kurhotel Upstalsboom

Einladend freundlich empfängt Sie eine ganz natürliche und herzliche Atmosphäre. In Ihrem komfortablen Zimmer - auf Wunsch mit Balkon - fühlen Sie sich gleich heimisch. Bad/WC, Radiowecker, Safe, Satelliten-TV und Durchwahltelefon gehören zur Ausstattung. Die junge Familie freut sich über großzügige 2-Raum-Studios für 2-4 Personen mit vielen nützlichen Dingen für den erholsamen Urlaub mit Kindern. Außerdem gibt es ein Spielzimmer.

Im Fitneßbereich mit Sauna, Hot Whirlpool und Solarium gestalten Sie Ihren Aufenthalt anregend sportlich. Entspannt genießen und sich einmal so richtig verwöhnen lassen, das können Sie im gepflegten Restaurant, auf der Terrasse und in der herrlich offenen Bistro-Bar Regatta.

Unser Kur-Tip: Machen Sie Ihre Ferien zum Gesund-Urlaub. Besprechen Sie die Absicht, eine Kur durchzuführen, mit Ihrem Arzt und Ihrer Krankenkasse. In der modernen Kurabteilung können Sie die wohltuende Wirkung des Heilklimas gezielt unterstützen. Sie erhalten Ihre Anwendungen bequem in freundlicher Umgebung.

Bitte fordern Sie den Hausprospekt an und informieren Sie sich über die günstigen Angebote. Wir freuen uns auf Ihren Anruf!

Ganzjährig geöffnet

Nautic-Kurhotel Upstalsboom
Goethestraße 18
26757 Borkum
Tel. (04922) 304-0 · Fax (04922) 304911

Friesische Gastlichkeit

Seehotel Upstalsboom

Mit nostalgischem Charme präsentiert sich das Seehotel Upstalsboom. Gleich am Neuen Leuchtturm, nur ca. 200 m von der Strandpromenade finden Sie eine gelungene Verbindung charmanter Inselhistorie mit modernem Urlaubskomfort.
Alle Zimmer sind geschmackvoll renoviert und mit Bad oder Dusche/WC, SAT-TV, Radio, Durchwahl-Telefon und Minibar ausgestattet.
Für Nichtraucher haben wir eine ganze Etage reserviert.
Dem Wunsch nach betont geräumigen Wohnen entsprechen die großzügigen Turm- und Eckzimmer, sowie die Einzelzimmer zur Leuchtturmseite.
Fühlen Sie sich wohl - vom ersten Tag an. Die freundlichen Mitarbeiter sind stets für Sie da mit speziellen Tips für schöne Freizeit und einem besonders aufmerksamen Service.
Für Ihre Gesundheit nutzen Sie alle Freizeiteinrichtungen des benachbarten Nautic-Kurhotels Upstalsboom gratis. Im modernem Kurbereich dieses Hauses machen Sie Ihren Aufenthalt zum Gesund-Urlaub.
Bitte fordern Sie den Hausprospekt an und informieren Sie sich über die günstigen Pauschalangebote für einen Fitneßurlaub oder für Ihren Jahresurlaub auf Borkum.

Wir freuen uns auf Ihre Anfrage!

Seehotel Upstalsboom
Viktoriastraße 2
26757 Borkum
Tel. (0 49 22) 9 15-0 · Fax (0 49 22) 71 73

Zu Lande, zu Wasser und durch die Luft – Wie man nach Borkum kommt

Ein Standardwerk über Ostfriesland umschreibt den Weg zu den Ostfriesischen Inseln mit der Zeile "Über Geest, Moor und Marsch zum Wattenmeer". Und tatsächlich galt noch vor 100 Jahren die Fahrt nach Borkum als großes Abenteuer, bei dem unter Umständen eine Übernachtung im Watt einkalkuliert werden mußte, wenn die Tide ungünstig war. Heute können Sie die unterschiedlichsten Reisemöglichkeiten nutzen. Sie fahren z.B. mit der *Deutschen Bahn AG* bis Emden-Hauptbahnhof, dann geht es in Emden-Außenhafen mit der Fähre weiter nach Borkum. Dort können Sie in die *Inselbahn* umsteigen, und Ihre Fahrt endet in Borkum-Bahnhof, wenn Sie nicht von Borkum-Reede ein Taxi bevorzugen, um gleich ins Quartier zu kommen.

Mit dem *Auto* haben Sie zwei Möglichkeiten anzureisen: Wenn Sie aus dem Norden oder Osten kommen, empfiehlt sich die "Fast"-Autobahn nach *Emden*. Von dort geht es mit einem Fährschiff der AG Ems in interessanter Fahrt durch die Ems-Mündung nach Borkum (siehe auch folgenden Artikel). Für Gäste aus West- und Süddeutschland empfiehlt sich unter Umständen die Fahrt über Groningen/Holland nach *Eemshaven*. Die Überfahrt nach Borkum beträgt von hier aus nur 55 Min., ist aber auch nicht so interessant und erholsam wie die Fahrt von Emden. Für alle Autofahrer noch ein Tip: Überlegen Sie sich, ob Sie nicht das Auto in bewachten Garagen oder auf Parkplätzen der Reederei am Festland lassen sollten. Dies spart Ihnen einerseits Kosten für die Überfahrt und Probleme mit der Vorbuchung, andererseits haben Sie den Wagen bei einem Landabstecher, den wir für beide Fährhäfen empfehlen, zur Hand. Auf Borkum selbst nützt Ihnen das Auto wenig. Sicherlich werden Sie sich nach kurzer Zeit der Zunft der Fahrradfahrer anschließen. Vierzig Fahrräder vor einem der guten Borkumer Lokale bedeuten hier eben nicht, daß es sich um eine Jugenddisco handelt, sondern genau um das Lokal, das Sie sich für einen netten Abend vorgestellt haben.

Borkum-Reede im Vorsommer

Übrigens kann man natürlich auch mit dem *Fahrrad* nach Borkum anreisen. Beide Fährlinien nehmen Fahrräder zu einem günstigen Tarif an Bord, und das umliegende Festland in Holland und in Ostfriesland ist bestens geeignet für eine kleine Fahrradtour "vorab".

Wer mit dem *eigenen Schiff* anreisen möchte, findet ebenfalls gastliche Aufnahme: Borkum bietet einen tideunabhängigen Yachthafen mit Besucherliegeplätzen.

Und natürlich darf in der heutigen Zeit auch das *Flugzeug* nicht vergessen werden. Sie können mit eigener Maschine landen, ansonsten bieten Ihnen die verschiedenen Fluggesellschaften Anschlußmöglichkeiten von den wichtigsten deutschen Flughäfen. Während der Sommersaison wird Borkum von Emden, Bremen und Düsseldorf direkt angesteuert. Besonders preisgünstig wird es mit dem Rail- and Fly-Ticket der Deutschen Bahn AG. Während des ganzen Jahres sind für eilige Gäste Flugverbindungen von Emden vorhanden.

Sie sehen also, es ist kein Problem, auf Ihre Urlaubsinsel zu kommen. Weitere Einzelheiten und Telefonnummern finden Sie im Infoteil 1.

H. Aswat

Wir stechen in See, der Urlaub beginnt – Was es auf einer Fahrt nach Borkum zu sehen gibt

Der Schweiß und der Staub der Anfahrt, die Hektik des Aufbruchs (Hast Du auch die Heizung abgestellt?), das Geschrei der Kinder sind vergessen, wenn der Wagen gut geparkt in den bewachten Garagen in Emden, Borkum-Kai, steht, und man selbst sich auf die gut zweistündige Überfahrt freut. Unser Inselführer möchte Sie auf das Urlaubserlebnis "Borkum" vorbereiten, und das fängt beim Besteigen des Urlaubsschiffes an. Je nach Tide werden Sie 2 Std. bis 2 Std. 20 Min. für die Überfahrt brauchen. Falls Sie vom holländischen Eemshaven starten, beträgt die Fahrt nur 55 Minuten.

Nach dem Verlassen des Emder Hafens durchfahren wir das *Mündungsgebiet der Ems*: An Backbord (links) sehen wir das riesige Feuchtgebiet des *Dollart*, das bei Ebbe trockenfällt. Steuerbords begleitet uns der *Emsdeich*, der das Hinterland vor Überflutungen schützt. Was geschützt wird, kann man teilweise auch sehen z.B. das *VW-Werk Emden*. Für die Kinder ist es jetzt sehr einfach: Backbord ist Holland, Steuerbord ist Deutschland. Bald sehen wir links den alten holländischen Hafen *Delfzijl*, den Sie sich für einen Extraausflug einmal vormerken sollten. Rechts, also steuerbords, grüßt der *Radarturm "Knock"*. Er ist Leitstelle für die Schiffahrt auf der Emsmündung und Zentrale einer Radarkette, die die ganze Emsmündung von der freien See bis Emden erfaßt. Bei dichtem Nebel werden die Schiffe über UKW-Sprechfunk geführt.

Neben dem Turm sehen wir die Gebäude des *Mündungsschöpfwerks und Mündungssiels Knock*. Es ist das größte europäische Schöpf- und Sielbauwerk und wird zur Steuerung des Grundwasserspiegels eingesetzt. Immer noch steuerbords, gleich neben der Radarzentrale, sehen wir nun Schornsteine:  Der Welt größte *Naturgasreinigungsanlage* grüßt vom Rysumer Nacken herüber. Über eine 450 km lange Pipeline wird das Erdgas aus dem norwegischen *Ekofiskfeld* hierher transportiert, gereinigt und dann über drei Anschlußleitungen in das europäische Verbundnetz eingespeist. Ca.20 Milliarden Kubikmeter Erdgas werden hier jedes Jahr gereinigt. Die Erdgasmengen aus den norwegischen Feldern *Statfjord, Gullfaks und Heimdal*, die hier ebenfalls angeliefert werden, legen sogar einen Weg von über 1 000 km zurück. Bald sehen wir auf der holländischen Seite Maschinenhaus, Schornsteine und Kühlwassertürme eines großen *Kraftwerks* mit 600 MW Leistung. Etwa auf der Höhe dieses Kraftwerks beginnt steuerbords die Grenze des *Nationalparks Niedersächsisches Wattenmeer*, zu dem auch Borkum und seine Watten gehören. Wir sind jetzt schon richtig im Urlaubsgebiet, und bei guten

Sichtverhältnissen können wir hinter den schützenden Seedeichen steuerbords den *Leuchtturm von Campen* und den Turm der *alten Kirche von Pilsum* ausmachen. Dieser Kirchturm aus dem 12./13. Jahrhundert war jahrhundertelang ein wichtiges Seezeichen für die Schiffahrt.

Wir passieren bald den niederländischen *"Eemshaven"*, einen künstlich in das Wattenmeer gebauten Großschiffahrtshafen. Nun ist Borkum nicht mehr allzu weit. Also aufgepaßt bei dem Spiel "Wer sieht die Insel zuerst?"! Spätestens bei der *Fischerbalje*, einem Leuchtturm im Kleinformat und Ansteuerungsfeuer für Borkum, wissen Sie selbst bei Nebel genau: In 10 Minuten sind wir da, und ein hoffentlich langer und sonniger Urlaub beginnt.

H. Aswat nach Informationen der AG Ems

38 Knoten (70 km/h) schnell ist die MS "Nordlicht", die seit Frühjahr 1989 die Reisezeit von Emden nach Borkum auf rund die Hälfte verkürzt. Der schnelle Flitzer hat 272 äußerst komfortable Sitzplätze, befördert allerdings keine Autos. Das Schiff hat bei einer Länge von 38,8 m

Nordlichter können ganz schön schnell sein - Der erste deutsche High-Tech-Katamaran MS "Nordlicht" verkehrt zwischen Emden und Borkum

und einer Breite von 9,4 m eine Tonnage von 420 BRT und bei voller Ladung nur einen Tiefgang von 1,5 m. Angetrieben wird es durch zwei Wasserstrahlaggregate mit gleichzeitig lenkbarem Wasserstrahl. Diese Antriebsart macht das Schiff außerordentlich manövrierfähig, garantiert ein gutes Fahrverhalten und schließt eine Wellenbildung fast aus. Über 5.000 PS, verteilt auf zwei Motoren, geben die notwendige Kraft für den Antrieb.

Eine Fahrt mit der "Nordlicht" ist auch technisch ein Erlebnis: Auf der Kommandobrücke die elektronische Seekarte mit ständiger Positionsnachführung, Fernsehüberwachung und Bildschirmkontrolle aller wichtigen navigatorischen Funktionen. Sämtliche Räume sind vollklimatisiert, Eingänge und sanitäre Anlagen behindertengerecht. Eine MARPOL-Anlage sorgt für die umweltfreundliche landseitige Entsorgung der Abwässer.

H. Aswat

Nicht nur Witze - Ostfriesische Kurzbeschreibung

"Durch ... Abgeschlossenheit und Verschlossenheit gegen alles Fremde widerfährt den Friesen wohl, daß die Fremden sie nicht bloß für stolz, starr und eigensinnig, sondern wohl gar für dumm und beschränkt halten." Diese Charakteristik Ernst Moritz Arndts kann wohl auch heute noch als Beschreibung für das Verhältnis der Nichtfriesen zu Ostfriesland und seinen Bewohnern dienen. Die Ostfriesenwitze der letzten 20 Jahre haben das nur bestätigt. Doch spätestens seit "Otto" dokumentiert sich der Ostfriesengeist als ganz und gar nicht schwerfällig, zeigt vielmehr einen Volksstamm, der seit jeher sein eigenes Wesen mit Zähigkeit und Verschmitztheit verteidigte und stolz darauf ist.

Schon den Römern war dieses Volk, das da halb im Wasser lebte und sich kümmerlich vom Fischfang und Landwirtschaft ernährte, unheimlich und bedauernswert, und die Friesen waren es gewohnt, von Fremden ohnehin nicht allzuviel Gutes zu erwarten. Selbst wenn sie Bonifatius hießen und heilige Männer waren, mußten sie mit einem plötzlichen Tod in Friesland rechnen. Die politischen Verhältnisse blieben über Jahrhunderte unscharf. Nur eins war für die Bewohner sicher: Sie mußten sich gegen das Meer wehren, wenn sie sich behaupten wollten. Der spätere Rechtsgrundsatz, daß der, der nicht deichen will, weichen muß, geht auf uralte Erfahrungen im *Kampf mit dem Wasser* zurück. Die Anstrengungen in diesem Kampf waren nicht ohne Erfolg: In der Liste der Geschenke, die Karl der Große Harun al Raschid machte, tauchen auch friesische Wollmäntel auf. Zumindest die Schafzucht muß also zu diesem Zeitpunkt schon exportfähige Produkte geliefert haben.

Die zähe Beharrlichkeit, mit der man seine Warft in diesem nassen Land aufwerfen, sich des Wassers immer wieder erwehren und das selbstgeschaffene Land verteidigen mußte, setzt eine *Zähigkeit als Lebensstil* voraus, die sich unter anderem auch darin zeigte, daß noch weit über 1000 n. Chr. im Friesenland in heiligen Hainen die alten Götter verehrt wurden, obwohl das Land nominell und teilweise auch tatsächlich unter dem Einfluß der christlichen Franken stand. Zugleich schafft dieser "beharrliche" Lebensstil ein Gefühl für Eigenständigkeit und Nachbarschaft, das das Mißtrauen gegen den etwas weiter entfernten "Nachbarn" einschließt und bis heute im Lande spürbar ist: Nach außen und natürlich auch von außen gesehen ist man Ostfriese und betont das. Im übrigen aber ist man Norderneyer, Borkumer, Reiderländer oder Harlinger, und das sind alles große Unterschiede.

Wichtig bleibt aber auf jeden Fall, daß keine Fremden im Lande Fuß fassen, und so ist auch der legendenhaft überlieferte Grund für den späten Entschluß der Ostfriesen, Christen zu werden, in dieser Hinsicht typisch: Der "gute König Karl", hinter dem manche den fränkischen König Karl den Dicken vermuten, habe ihnen das Vorrecht, im freien Stande zu leben, zugesichert und sie von der Plage der Wikinger befreit, weil sie Christen wurden und dem "König im Süden" untertan - so ist es in den 17 Kühren, dem ältesten friesischen Gesetzbuch, zu lesen. Auf ihre Freiheit und Unabhängigkeit sind die Ostfriesen dann auch immer sehr bedacht gewesen, wenn sich diese Unabhängigkeit auch über lange Zeit hauptsächlich in unendlich vielen kleinen Fehden der einzelnen "Nachbarn" und ihrer Häuptlinge gegeneinander dokumentierte.

Erst im 15. Jahrhundert sammelten sich dann die autonomen Landgemeinden hinter zwei sich bekämpfenden friesischen Häuptlingsgestalten: *Ocko tom Brok* und *Focko Ukena*. Aus dem innerfriesischen Machtkampf der beiden Parteien, der zugleich nach außen ein Kampf für die friesische Freiheit und gegen die Einflußnahme der angrenzenden Herrschaften war, ging schließlich das *Geschlecht der Cirksena*, das bis ins 18. Jahrhundert die Geschichte der Friesen bestimmen sollte, als Sieger hervor. Die Brüder Edzard und Ulrich Cirksena, ursprünglich friesische Häuptlinge wie die anderen, einigten die zerstrittenen friesischen Landesteile, und Ulrich I. gelang es nach dem Tode seines Bruders, gegen eine Gebühr von 9.000 Gulden von Kaiser Friedrich III. zum Grafen in Ostfriesland ernannt zu werden. Damit war zum ersten Mal auch politisch ein eigenständiges Votum der Ostfriesen etabliert. Sein Sohn, *Edzard der Große*, schaffte es dann in langen Kämpfen, die ihn bis in die Reichsacht führten, und durch zähe Verhandlungen, Ostfriesland als Herrschaftsbereich abzusichern und die Brockmer, Norder, Emder, Reiderländer durch die Faszination seiner Persönlichkeit zu "Ostfriesen" zu machen. Das Vertrauen, das man diesem Herrscher in Ostfriesland entgegenbrachte, war so groß, daß seine Feinde behaupteten, schnitte man einen ostfriesischen Bauern auf, finde man allemal einen kleinen Grafen Edzard.

Allerdings ging selbst bei dieser großen Gestalt das Vertrauen nicht so weit, daß man sich der eigenen Rechte begeben hätte: *Die Ostfriesischen Stände*, ursprünglich die Versammlung der Gemeinfreien, die sich schon in alter Zeit zur Besprechung gemeinsamer Anliegen um den Upstalsboom versammelt hatten, blieben mit allen Rechten bestehen, und auch ein Edzard der Große mußte sich von ihnen den Erlaß außerordentlicher Steuern oder andere Eingriffe bewilligen lassen. Die Stände leben bis heute in der "Ostfriesischen Landschaft" mit Sitz in Aurich fort, auch wenn die "Landschaft" sich heute mehr als Kulturparlament Ostfrieslands versteht. Auch hier also zähes Festhalten am Altgewohnten und Bewährten, allerdings aus jahrhundertealter Erfahrung: Die Cirksenas konnten zwar Friesland politisch definieren, endgültig etablieren konnten sie es nicht, und als die männliche Linie ausstarb, kam das Land unter wechselnde Herrscher. Was aber blieb, war eben die "Landschaft" und das Bewußtsein, ostfriesisch und damit anders als die jeweilige Landesherrschaft zu sein.

"Man trägt hier Holzschuhe, um einander nicht in die Füße zu beißen", spottete einst eine eingeheiratete Fürstin über ihre neuen ostfriesischen Untertanen. Aber in dieser angeblich so unfreundlichen, weiten Landschaft begegnet man Menschen, deren Gastfreundschaft bis heute unkompliziert und direkt ist, solange man sie nicht vereinnahmen will. Der Tee mit knisterndem Kandis und Sahnewolken ist über die Grenzen Ostfrieslands hinaus zu einem Symbol für Gastlichkeit geworden. Man liebt sein Land mit den alten Dorfkirchen, den versteckten Wasserschlössern, einsamen Mooren und kilometerlangen Deichen. Man nimmt im Sommer wohl Arbeit an in Berlin oder Frankfurt, aber an den Wochenenden, zumindest alle 14 Tage, tut man sich in Fahrgemeinschaften zusammen und fährt nach Hause. Wegziehen? - "Da kann ich ja nicht mal meinen Hund mitnehmen", war die Antwort, als ich einen danach fragte.

Das Land ist flach - die höchste Erhebung ist eine Düne auf Spiekeroog mit 24 m über NN - und 5.150 qkm weit. Rund 900.000 Menschen wohnen hier, das macht 175 auf den qkm - nicht viel.

Man lebt überwiegend von *Landwirtschaft und Fremdenverkehr*. Die Randlage ist insbesondere auch wirtschaftlich geblieben, eine hohe Arbeitslosenquote fast normal. Die landwirtschaftlich genutzte Fläche besteht überwiegend aus Grünland. Viehwirtschaft und Milcherzeugung sind die hauptsächlichen Betriebsformen. Kühe gehören zum Landschaftserlebnis. Einen zusätzlichen Akzent im wirtschaftlichen Angebot setzen die Hafenstädte Wilhelmshaven und Emden. *Wilhelmshaven* ist mit einer Fahrwassertiefe von 21,5 m *der einzige Tiefwasserhafen der Bundesrepublik* und Hauptumschlagplatz für Rohöl. Größter Arbeitgeber ist hier trotzdem die Marine, die in ihrem Stützpunkt rund 13.000 Menschen beschäftigt. Emdens Bedeutung als Umschlagplatz für Kohle, Automobile, Papier und Mineralöl ist wegen der geringeren Fahrwassertiefe zurückgegangen. Ein seit Jahren geplanter neuer Tiefwasserhafen konnte bisher nicht verwirklicht werden. Trotzdem ist die Stadt der wichtigste Industriestandort Ostfrieslands.

Als die friesischen Vorfahren vor Jahrtausenden das Land besiedelten, machten sie ein nach Meinung ihrer Zeitgenossen zum Wohnen unmögliches Land zu ihrer Heimat. Die Fähigkeit, aus etwas Unmöglichem etwas Nützliches zu machen, haben die Friesen bis heute nicht verloren. Selbst Ostfriesenwitze können eine gute Fremdenverkehrswerbung sein, und ein Land, das von der wirtschaftlichen Expansion weitgehend verschont blieb, wird in unserer Zeit für zivilisationsmüde Mitmenschen immer verlockender, zumindest für einen Jahresurlaub. Danach sind die Ostfriesen wieder unter sich wie seit Jahrhunderten.　　　　　　H. Aswat

Die Ostfriesischen Sieben - Stichworte zu den Ostfriesischen Inseln

Mit der "Sieben" sollte man es bei dieser Überschrift nicht so genau nehmen. Es ist wie mit den Sieben Seelanden, die einst von Brügge bis Sylt das Reich der Friesen umfaßten, oder auch wie mit den Sieben Zwergen, den Sieben Himmeln und den Sieben Brücken. So genau wird da nicht mehr gezählt. "Bei fünf hören die Sinne auf, da beginnt die Mystik und die Unendlichkeit", hat Hans Leip sehr treffend, gerade auch auf Friesland bezogen, gesagt. Um ehrlich zu sein: Es sind mindestens neun Inseln, die den ostfriesischen Inselgürtel bilden; und wir wollen zu acht von ihnen einige Stichworte liefern:

Borkum
Die *größte* der Ostfriesischen Inseln. Bis zum 17. Jahrhundert Seezeicheninsel für Emden und Holland. Aus dieser Zeit stammt der alte Leuchtturm (1576). Stützpunkt der Geusen in der Reformationszeit. Im 18. Jahrhundert Walfängerinsel. Seit 1850 Seebad. *Info: Kurverwaltung Tel. 04922/3030*

Memmert
Die *unbekannteste* der Ostfriesischen Inseln. 15 Quadratkilometer Vogelschutzinsel, Naturschutzgebiet mit Silbermöwenkolonie und Brutgebiet für andere Seevogelarten (z.B. auch die Heringsmöwe).
Juist
Die *schmalste* der Ostfriesischen Inseln, 17 km lang, oft nur 500 m breit, auf der gesamten Länge buhnenfreier Sandstrand, Pferdekutschen statt Autos, seit 1840 Nordseeheilbad, sehenswert das Küstenmuseum. 1.600 Einwohner, 7.200 Fremdenbetten, *Info: Kurverwaltung Tel. 04935/ 809-222, Fax 04935/809-223.*
Norderney
Die *vornehmste* der Ostfriesischen Inseln. Ältestes deutsches Nordseebad (1797). 1550 lebten hier 16 Leute. 1750 wurden schon 450 Einwohner gezählt. In der ersten offiziellen Badesaison freute man sich, 250 Gäste begrüßen zu können. Heute sind es längst jedes Jahr über 200.000. Sehenswert ist das alte Kurzentrum, das in seinem Kern  noch aus königlich Hannoverscher Zeit stammt, und das Inselmuseum im Fischerhaus, das einen guten Querschnitt zur Geschichte der Insel und ihrer Bewohner bietet. 6.500 Einwohner, 22.000 Fremdenbetten. *Info: Kurverwaltung Tel. 04932/8910.*
Baltrum
Die *kleinste* der Ostfriesischen Inseln. Seit dem 16. Jahrhundert bewohnt. Seebad seit 1949. 500 Einwohner. Über 5.000 Fremdenbetten. Sehenswert die beiden Inselkirchen und die Inselglocke. *Info: Kurverwaltung Tel. 04939/800.*
Langeoog
Die *sportlichste* der Ostfriesischen Inseln. Der Strandsportplatz bildet den sportlichen Mittelpunkt der Insel: Gymnastik, Ball-Wettspiele, Strandkegeln, Leichtathletische Wettkämpfe, Abnahme des Sportabzeichens, Sportfeste und Hüpfballrennen. Weiter Tischtennishalle, Tennisanlage, Minigolf, Surfschulen, Reitstall, Ponyhof und Schießsportanlage. Die Attraktion für Spiel, Spaß und viele kreative Möglichkeiten für Kinder und Erwachsene: Die Spielhäuser „Spöölhus" und „Spöölstuv" als Spiel- und Begegnungszentren. Bundes- und Landeswettbewerbe zeichnen Langeoog als besonders kinder- und familienfreundlich aus.

Die Insel bietet viele Möglichkeiten zu erlebnisreichen Wanderungen u.a. durch die Vogelkolonie im Osten der Insel. Ein Schiffahrtsmuseum, das Heimatmuseum, das Museumsrettungsboot und die Seenotbeobachtungsstation laden zu Besichtigungen ein. Mit der Melkhörndüne (21 m über NN) besitzt Langeoog übrigens Ostfrieslands zweithöchste Erhebung. Eine entsprechende Gipfelbesteigung sollte kein Feriengast aus Oberbayern versäumen.

Langeoog hat 2.100 Einwohner und 8.500 Fremdenbetten. *Info: Kurverwaltung Langeoog, Postfach 1263, 26454 Langeoog, Tel. 04972/ 693-0, Fax 04972/6588.*
Spiekeroog
Die *grünste* der Ostfriesischen Inseln. Sie hat sich den ursprünglichen

Reiz eines alten Inseldorfes erhalten. Angeblich ursprünglich die "Speicherinsel" der Vitalienbrüder Klaus Störtebekers, hat die Insel auch andere Reminiszenzen an vergangene wilde Zeiten zu bieten: Sehenswert ist die alte Inselkirche von 1696 mit Kanzel, Apostelbildern und einer Pieta, die von dem 1588 vor Spiekeroog gestrandeten Flaggschiff der Spanischen Armada stammen soll. Der Untergang des Segelschiffs "Johanne" mit 200 Auswanderern an Bord 1854 vor Spiekeroog führte zur Einrichtung des deutschen Seenotrettungswesens und 1865 zur Gründung der Deutschen Gesellschaft zur Rettung Schiffbrüchiger. 670 Einwohner, 2.700 Fremdenbetten. *Info: Kurverwaltung Tel. 04976/9193-0, Fax 919347.*

Wangerooge

Die *östlichste* der Ostfriesischen Inseln. Die Insel gehörte als einzige zum früheren Großherzogtum Oldenburg, hatte früher große strategische Bedeutung und wurde Opfer eines massiven Bombenangriffs. Sehenswert ist der 1855 erbaute Leuchtturm (heute Aussichtsturm und Inselmuseum). Der Neue Leuchtturm von 1969 ist Seezeichen an den Schiffahrtswegen nach Wilhelmshaven und Bremen und setzt die Tradition der alten Wangerooger Türme fort, die bereits im 16. Jahrhundert Seezeichen waren und auf deren einem das erste Leuchtfeuer an der deutschen Nordseeküste entzündet wurde. 1.300 Einwohner, 7.800 Fremdenbetten. *Info: Kurverwaltung Tel. 04469/99-0, Fax 99114.*

"Un kamen wie na Börkem, do stekens uns mit Förken" (Alter Matrosenreim). Mit der Forke wird der Gast auf Borkum schon lange nicht mehr begrüßt, aber auf eine von altersher gewachsene bäuerlich-seemännische Tradition und Gastlichkeit legt man bis heute Wert und unterscheidet sich damit bewußt vom "feineren" Norderney ("Borkum ist anders").

Von Bohnen und Bahnen - Stichworte zu einer Insel

Der griechische Schriftsteller *Strabo* und der römische Geograf Plinius der Ältere berichten bereits um die Zeitenwende von einer *"Bohneninsel"* (Byrchanis bzw. Burchana) vor der Emsmündung, und manche meinen, dies sei die Ursprungsinsel des heutigen Borkum gewesen. Von wenigen Einwohnern, die in dürftigen auf Erdhügeln errichteten Schilfhütten wohnen und sich von Fischfang und Viehhaltung ernähren, wird erzählt. Das dürftige Leben scheint über Jahrhunderte ein Kennzeichen der Insel gewesen zu sein. *1398* wird die Insel erstmals sozusagen offiziell erwähnt, aber auch nur um mitzuteilen, wer die Lehnsrechte über die "Sandanhäufung" im Meer und ihre 50-70 Einwohner hat. Von "freien Friesen" ist da nicht viel festzustellen. Die Verhältnisse sehen eher nach Leibeigenschaft unter der Herrschaft strenger Inselvögte aus. Das Land gehört dem Lehnsherrn, und "Staatsland" ist bis heute vieles auf Borkum geblieben. Vor einigen Jahren mußte man noch für das Pflücken von Brombeeren eine kostenpflichtige Erlaubnis beim zuständigen Amt beantragen.

Ihre große Zeit hatte die *"Grüne Insel"*, wie sie sich gerne nennt, im 18. Jahrhundert, als die Borkumer *Walfangkapitäne* mit kompletten Borkumer Mannschaften zu gefährlicher aber lohnender Beschäftigung

in den Norden fuhren: Für den durchaus möglichen Saisonfang von 10 Walen erhielt ein Kommandeur die stattliche Summe von umgerechnet 360.000,- DM. Da ließ es sich leben, aber auch sterben: Im Jahre 1734 auf dem Höhepunkt der Walfängerzeit fehlt in 40 von 120 Familien der Ernährer - "geblieben auf See". Plötzlich ist diese "Goldene Zeit" für die Insel gekommen, und ebenso plötzlich endet sie: Mit dem Ausbruch des holländisch-englischen Seekriegs (1780-1782) sowie der späteren *Kontinentalsperre* in den Napoleonischen Kriegen ist der Walfang für Borkum beendet, und die Folgen der Armut sind um so deprimierender, als man sich der großen Zeiten erinnert, deren letzte Spuren in Form von Zäunen aus Walkinnladen bis heute an einigen Vorgärten zu finden sind.

Während die Nachbarinsel Norderney bereits um 1800 Badeinsel wird, die später selbst das Hannoversche Königshaus nicht verschmäht, kommen die *ersten Badegäste* erst ab *1850* nach Borkum. Ganze 252 sind es, mutige Leute, die eine 18stündige Seereise nicht scheuen. Über mehrere Jahrzehnte bleibt Borkum Ziel für nur wenige 100 "Fans" ("Borkum ist anders"), bis durch den Bau eines *Fähranlegers* und der *Inselbahn* die Besucherzahlen ab *1888* langsam aber stetig steigen. Heute besuchen rund *160.000 Gäste* jedes Jahr die Insel. Sie werden von *6.000 Einwohnern* freudig und oft wie alte Bekannte begrüßt. Man legt Wert darauf, *Familienbad* zu sein, *Insel mit Hochseeklima,* und ist mit Recht stolz auf die *breiten Sandstrände*, die teilweise durch geschickte küstenbauliche Maßnahmen wie z.B. Unterwasserbuhnen erst in den letzten Jahrzehnten ihre heutige Form erhalten haben.

Das große Kaap - ein Wahrzeichen Borkums

Trotz der vielen und für die Wirtschaft lebensnotwendigen Gäste ist man "gastlich" im ursprünglichen Sinne des Wortes geblieben. Mancher Gast besucht schon seit Jahren die Insel dieser Gastlichkeit wegen , und mancher "Zufallsbesucher" ist inzwischen Stammgast geworden. Zu dem "Sichwohlfühlen", das zum Wiederkommen verleitet, tragen sicherlich knapp *120 km gutausgebaute Wander- bzw. Fahrradwege* bei, die eine urtümliche und abwechslungsreiche Inselandschaft erschließen: Strand, *Dünen, kleine Wäldchen, Niederungs- und Weidegebiete, Seedeiche.* Vieles ist hier zu finden, zwar nicht immer unberührt und ursprünglich, wie es Prospekte zuweilen anpreisen, aber man hat in den letzten Jahrzehnten der Natur viel freien Lauf gelassen, so daß die Spuren der Militärzeit der letzten fast hundert Jahre ebenso vernarben konnten wie manch anderer menschlicher "Kultivierungsversuch". Hier kann man noch in weite menschenleere Horizonte laufen, die kein Ende zu nehmen scheinen, um dann vielleicht auf dem Rückweg im kleinen Schlängelpfad des Dünenwäldchens als Kontrast die Begrenztheit dieser Inselwelt zu erleben. Ein Gang über den Neuen Deich im Süd-Osten schafft dann den Ausgleich zwischen den Kontrasten und erinnert zugleich an den jahrhundertelangen Kampf der Insel gegen das Meer: Denn schließlich ist das heutige Borkum mit 36 Quadratkilometern zwar die größte der Ostfriesischen Inseln, aber doch wohl nur ein Rest jener "Bohne" der Herren Strabo und Plinius vor 2.000 Jahren. H. Aswat

Inselsteckbrief – Zahlen und Fakten von Borkum

Westlichste und größte der Ostfriesischen Inseln vor der Emsmündung, ca. 20 km der Küste vorgelagert, *Meeresheilbad* im Hochseeklima. 36 Quadratkilometer groß, 6,4 km lange Strandmauer bzw. Strandpromenade, 15 km langer, steinfreier Sandstrand.

Die Insel gewinnt ihr *Trinkwasser* aus den Niederschlägen, die sich als Süßwasserlinse im Inselkern sammeln. *Wasserversorgung* über die Stadtwerke Borkum mit ca. 800.000 cbm Wasser/Jahr. Versorgung mit *elektrischer Energie* durch die EWE über die Stadtwerke Borkum, jährliche Leistung ca. 31.000.000 kWh. *Erdgasversorgung* über die EWE durch eine Verbund-Leitung Greetsiel-Borkum, jährliche Leistung ca. 17.000.000 cbm Gas. *Vollbiologische Abwasserbeseitigungsanlage*, ausgelegt für 50.000 EGW. Zentrale *Müllabfuhr* zum Festland.

Die *Einwohnerzahl* liegt nach der letzten Volkszählung bei 6.000. Die Anzahl der *Übernachtungen* beträgt bei etwa 160.000 Gästen pro Jahr ca. 2 Millionen. Für die Gäste stehen *1.850 Hotelbetten, 7.790 Betten* in *Pensionen* und *6.960 Betten* in Appartements zur Verfügung. *Sanatorien* und *Kurkliniken* stellen weitere *700 Betten,* und *Familien-, Kinder- und Jugendheime* bieten ebenfalls *gut 5.000 Betten.* Zwei private *Campingplätze* steuern dann noch ca. 1.000 Stellplätze bei.

VERKEHR
Tideunabhängige *Schiffahrtslinien* von Emden-Außenhafen und Eemshaven (Holland) zum Anleger Borkum-Reede durch Personen- und Autofähren der Reederei AG EMS. *Inselbahn* (Kleinbahn) ca. 7,5 km zum *Bahnhof Borkum.* Omnibuslinien- und Gelegenheitsverkehr durch die *Borkumer Kleinbahn.*

Borkumer Flughafen mit Verbindungen nach Düsseldorf, Berlin, Bremen, Emden, Norddeich sowie zu den übrigen Ostfriesischen Inseln und nach Helgoland. Befestigte 1.000 m lange Start- und Landebahn (Klasse 2) mit Nachtbefeuerung, ca. 22.000 Starts und Landungen pro Jahr. Zugelassen für Flugzeuge bis 7.500 kg.

G. Stein

Insel mit Bahnhof – Über Hundert Jahre Borkumer Kleinbahn

Nach Borkum kann man mit der Kleinbahn fahren. Das ist keine witzige Bemerkung, sondern stimmt so tatsächlich. Denn diese Kleinbahn verfügt sogar über einen eigenen Hafen und ist eine Tochtergesellschaft der *Reederei AG EMS.* Mit *7,5 km* aktivem Streckennetz ist die Borkumer die längste aller noch bestehenden Nordsee-Inselbahnen. Sie hat die ausgefallene Spurweite von 900 mm und unterhält als einzige Inselbahn einen zweigleisigen Zugverkehr. Am Bahnhof mitten in der Stadt können Sie Ihr Gepäck genauso aufgeben, wie Sie es am Festland gewohnt sind, und daß bis zum nächsten größeren Bahnhof die Nordsee zu überwinden ist, fällt Ihnen vielleicht gar nicht auf.

Begonnen hat das alles vor über hundert Jahren mit einer schmalspurigen Pferdebahn, die der Bauunternehmer Schuhmacher für den Bau des

"Neuen Leuchtturms" 1879 einrichtete. *1883* befaßten sich unternehmungslustige Emder Kaufleute mit dem Plan, auf Borkum einen festen Anleger zu errichten. Da dieser durch die Lage der Insel nur weit vorgelagert gebaut werden konnte, um den Schiffsverkehr tideunabhängig zu machen, entstand die Idee, dann auch gleich eine Inselbahn vom neuen Anleger ins Zentrum der Insel vorzusehen.

Es traf sich gut, daß die Emder Baufirma Habich und Goth gerade einige Lokomotiven, die sie beim Bau des Ems-Jade-Kanals eingesetzt hatte, übrig hatte, und so bot sie an, das gesamte Projekt "Fähranleger mit Inselbahn" auf eigene, privatwirtschaftliche Rechnung zu erstellen. Bereits im *Mai 1888* verkehrte der erste Zug, gezogen von der zur Inselbahn-Lokomotive aufgestiegenen Baulokomotive *"Melitta"*, und am *15.6.1888* wurde der reguläre Bahnbetrieb aufgenommen.

Noch im Eröffnungsjahr entstanden weitere Gleisanschlüsse, und die Kleinbahn entwickelte sich rasch zur Lebensader Borkums. Sämtliche Transporte liefen über die Gleise. So war es den Unternehmern auch vom preußischen Staat zugesichert worden. *Franz Habich*, der inzwischen alleiniger Inhaber des Unternehmens geworden war, brachte auf Wunsch des preußischen Staates seine Bahn- und Hafenanlagen sowie die beiden Fährdampfer "Kaiser Wilhelm" und "Dr. von Stephan" Anfang des 20. Jahrhunderts in die *"Borkumer Kleinbahn- und Dampfschiffahrts AG"* ein. Alleiniger Anteilseigner dieser Aktiengesellschaft war die Reederei Aktiengesellschaft EMS, zu deren Aktionären zahlreiche Emder Kaufleute gehörten. Franz Habich wurde 1. Direktor der neuen Gesellschaft.

Der Ausbau Borkums zur *Seefestung* brachte ab 1902 Erweiterungen für das Streckennetz der Kleinbahn, wobei die zum Ostland führenden Strecken von der Marine mit eigenem Streckennetz und eigenen Fahrzeugen betrieben wurden. Übergabepunkt war Bahnhof Borkum. Aber auch der Fremdenverkehr brachte neue Anforderungen: *1929* wurde die Strecke in Richtung Strandpromenade bis zum heutigen Sturmeck verlängert. *1935* begann ein erneuter militärischer Ausbau, dem selbst der alte Kleinbahnhafen nicht mehr gewachsen war, so daß 1938 der heutige Schutzhafen und das Kasernengelände durch Aufspülungen entstanden. Mit rund 45 km Gleislänge, 6 Dampflokomotiven und über 70 Wagen, die militäreigenen Fahrzeuge nicht mitgezählt, erreichte die Kleinbahn damals ihren betrieblichen Höhepunkt, der dann allerdings in das Desaster des Kriegsendes einmündete: Streckenabbau, dezimierter Wagenpark, Konkurrenz durch Straßenverkehr, der auf der ursprünglichen Militärstraße zwischen der Reede und dem Ort nunmehr verkehren durfte, das waren die Probleme der Nachkriegsjahre, die nur dadurch bewältigt werden konnten, daß *1964* die Reederei AG EMS die Borkumer Kleinbahn und Dampfschiffahrts AG durch Umwandlung in eine GmbH noch stärker abstützte. *1968* wurde der *Autofährverkehr* aufgenommen. Damit wurde aus der Konkurrenz Straßenverkehr ein neuer Betriebszweig, denn die Kleinbahn verlagerte den gesamten Gütertransport auf die Straße. Zur Verbesserung der Verkehrsverhältnisse wurde bereits *1962* auf Wunsch der Gemeinde ein *Omnibusverkehr* aufgenommen, so daß die Borkumer Kleinbahn heute über alle Arten des modernen Personen- und Frachtverkehrs verfügt: Neben Fähre, Bus und Bahn ist sie auch am *Ostfriesischen Flugdienst* beteiligt.

Die vorgenommenen Modernisierungen, insbesondere auch der 1982 fertiggestellte neue Betriebshof mit modernen Werkstattanlagen und die Generalüberholung des Bahnhofs, die 1990/91 durchgeführt wurde, haben die Borkumer Kleinbahn zu einer nostalgischen aber betriebssicheren Alternative gegenüber dem Individualverkehr gemacht. 1994 gab es dann einen weiteren Höhepunkt in der Eisenbahngeschichte der Insel, der so vor einigen Jahren noch nicht vorstellbar gewesen wäre und damit auch zugleich ein Stück Deutsche Geschichte symbolisiert. Zwei traditionsreiche sächsische Waggonbaubetriebe lieferten einen kompletten neuen Wagenpark mit zwei Zügen à 8 Personenwagen und einem Sonderwagen. Die neuen Wagen wurden den historischen Vorbildern aus den Jahren 1905 bis 1928, die bis 1994 im Regelbetrieb eingesetzt waren, angeglichen aber mit modernster Technik ausgestattet.

Auch der Lokpark wurde bei dieser Gelegenheit umweltfreundlich erneuert. Eine Diepholzer Firma lieferte drei Sonderfertigungen für die Schmalspurweite 900 mm. Die neuen Loks "Hannover", "Berlin" und "Münster" können wahlweise mit Rapsölmethylester oder mit Diesel fahren. Sie bringen jeweils 245 PS auf die Schiene.

Krönung und Höhepunkt dieser Rückwendung zur Nostalgie unter Nutzung moderner, technischer Möglichkeiten ist die Reaktivierung der letzten 1940 für die Kleinbahn gebauten Dampflok. Bei ihrer Inbetriebnahme erhielt die Lok den Namen „Dollart", unter dem sie bis 1961 auf der Insel im Einsatz war. Danach schob man sie als technisches Denkmal zusammen mit einem noch wesentlich älteren Personenwagen vor das neue Borkumer Kurhaus, wo beide Gefährte still vor sich hin rosteten. Seit März 1997 gibt es nun wieder „Dampftage" auf der Insel. In Kobaltblau, feuerrot und tiefschwarz und mit dem neuen Namen „Borkum" versehen, glänzt die generalüberholte Lok fast jeden Monat mehrere Tage auf der regulären Fahrstrecke. Das „alte Denkmal" wurde von Spezialisten der Deutschen Bahn AG im Reparaturwerk Meiningen vollständig zerlegt und aufgearbeitet. Sie dampft und tutet wie in ihren besten Zeiten, aber im Inneren befindet sich modernste, umweltfreundliche Technik vom Feinsten: Die Feuerung erfolgt durch Leichtöl mit Dampfzerstäubung und ermöglichen einen wesentlich wirtschaftlicheren Heißdampfbetrieb statt des früheren Naßdampfbetriebes. Die umweltschonende Feuerungsart ist ein Schweizer Patent, das in den 90er Jahren erstmals bei Zahnraddampflokomotiven erfolgreich eingesetzt wurde.

1994 gönnte sich die Borkumer Kleinbahn ein neues Kleid - die Nostalgie ist geblieben

Der Denkmalskollege vom neuen Kurhaus, ein 1905 gebauter Salonwagen, im Volksmund „Kaiserwagen" genannt, obwohl ihn wohl nie ein Kaiser benutzt hat, wurde ebenfalls vollständig von Spezialisten der Borkumer Kleinbahn renoviert. Mahagoni-Intarsien, Goldtapeten, bequeme Polstersessel, Damast-Fenstervorhänge und viel Jugendstil-Glas bestimmen die Atmosphäre und laden „besondere Gäste" zu einer ganz besonderen Fahrt ins Inselzentrum ein, Hochzeitspaare zB, die im alten Sa-

GEWINNEN MACHT SPASS!

MEHR ALS MEER ERLEBEN!

Es erwartet Sie Spiel, Spaß und Spannung an über 70 Glücksspielautomaten.

- ★ Slotmachines
- ★ Elektronisches Roulette
- ★ Videogames
- ★ Jackpot mit unbegrenzter Gewinnchance

SPIELBANK BORKUM
AM BAHNHOF

Ab 18 Jahre • Täglich geöffnet • Eintritt frei • Kein Spielzwang

lonwagen zusammen mit ihren Gästen nach Borkum dampfen. Die standesamtliche Trauung findet dann entsprechend stilvoll im Alten Leuchtturm der Insel statt.

Sie sollten sich das Vergnügen einer Bimmelbahnfahrt durch das ungeschützte Vorland an den Woldedünen vorbei zum Bahnhof einmal gönnen. Im Zeitalter des wachsenden Umweltbewußtseins ist die Borkumer Kleinbahn nicht nur nostalgische Erinnerung, sondern auch echte Alternative.

Nicht nur für Aktive – Urlaubsgestaltung á la Borkum

Es soll noch Leute geben, die fahren nach Borkum, nur um zu baden und in der Sonne zu liegen (und stornieren ihre Buchung, wenn schlechtes Wetter droht). Dies ist natürlich ganz falsch, denn Borkum bietet eine Fülle von Möglichkeiten zur Urlaubsgestaltung. Wir haben einen Teil davon in unserem Infoteil aufgelistet. Weitere Anregungen will die nachstehende Übersicht geben.

Fangen wir also bei dem *"normalen" Urlaub* an: Die breiten Sandstrände mit ihren Bademöglichkeiten brauchen nicht gesondert erwähnt zu werden, aber das große *Meerwasserwellenbad* gestattet auch das Baden im Winter mit herrlichem Blick auf den Strand und die See. Dem Wellenschwimmbad angegliedert ist das *Kurmittelhaus* mit einer Fülle von weiteren Anwendungsmöglichkeiten (siehe folgenden Artikel). Daß *Strandspaziergänge* eine schöne und gesunde Sache auch bei " Nichtbadewetter" sind, weiß jeder, der schon einmal einen Seeurlaub erlebt hat, aber Borkum bietet mehr: ca. *120 km* sehr schön *angelegte Wanderwege* erschließen die Insel nach allen Seiten und laden zum *Spazierengehen* ebenso wie zum *Radfahren* ein. Wer es gemütlicher haben will, kann eine *Kutschfahrt* über die Insel oder eine *Busrundfahrt* buchen.

Wem selbst das noch zu anstrengend ist, bietet vielleicht das *Kurorchester* mit seinen täglichen Konzerten eine angenehme Abwechslung, oder er schaut sich einmal eine der wechselnden *Ausstellungen* in der *Kurhalle am Meer* an, besucht den *Lesesaal* mit dem aktuellen Angebot der bundesdeutschen Presse, versucht in der Franz-Habich-Straße ein nettes *Mitbringsel* zu entdecken oder sieht sich in dem originell-gepflegten *Kurkino* einen der neuesten Filme aus internationaler Produktion an (in der Saison fast täglich wechselndes Programm).

Natürlich kann man auch Kurse der verschiedensten Art belegen, vom *Kosmetikkurs* über den Ferienkurs *Seidenmalerei* bis zur *Reitschule*. Daneben gibt es die unterschiedlichsten Veranstaltungen wie *Borkumabende, Preisskat, Rollerrennen, Tanzabende,* heimatkundliche Vorträge, *Puppentheater* usw.

Auch für den, der die große Welt des *Showbusiness* nicht missen möchte, ist gesorgt: Das *Festival do Brasil* gastiert hier ebenso wie *Margot Werner*. Das *Cabaret "Chez Nous"* aus Berlin kann ebenso besucht werden wie *Mike Krüger*, die *Wolga Kosaken, Wenke Myhre*, das *Ohnsorgtheater*, das *Pasadena Roof Orchestra* oder ein *internationaler Folkloreabend* aus Holland.

Nicht versäumen sollte man eine *Ortsbesichtigung* mit Bucki Begemann, einen Besuch im *Heimatmuseum* und auf dem *Feuerschiff "Borkum Riff"*, eine *Schiffahrt um die Insel*, nach *Juist, Norderney oder Holland*. Sie sehen: bei dieser Fülle der Möglichkeiten muß man sich fast Zeit fürs Baden und "Am-Strand-liegen" aufsparen, wenn man auch nur einige Angebote wahrnehmen will.

Für die sogenannten *"Aktiven"* gibt es dann weitere Möglichkeiten: Das fängt mit den *Radtouren* an, die man sehr gut mit Hilfe einer Borkumkarte selbst organisieren kann, und geht weiter mit Schulungsangeboten im *Surfen* und *Segeln* sowie Angeboten zum *Hochseeangeln, mit Reiterferien oder Tennis*.

Wenn Sie nun noch skeptisch sind, sollten Sie vielleicht das besondere Angebot der Kurverwaltung außerhalb der Saison einmal ausprobieren: Hier gibt es günstige 7-Tage-Pakete unter den Stichworten *"Frische Brise"* (Borkum entdecken). *"Gut für die Bronchien"* (Meerwasser-Seeluftdusche für zwischendurch), *"Gesundheit und Fitness"* (vorbeugen und abhärten), *"Schlank und Schön"* (Schlankheitskur), *"Tennis"* (Intensivkurse für alle Leistungsstufen). *"Happy Surfing"* (Kurse für Anfänger und Fortgeschrittene), *"Radfahren"*, *"Reiterferien"* (Pferd wird gestellt), *"Inselwandern"*. Schnuppern Sie mal. Sie werden feststellen: "Borkum ist anders", als Sie es sich vorgestellt haben.

Sommerstrand
H. Aswat

Gesundheit ist das halbe Leben - Kurangebote

Daß Meerwasser und die dazugehörige Seeluft gesund sind, wußten schon die alten Griechen. Besonders intensiv erlebt man die kräftigende und heilende Wirkung bei einem Spaziergang am *Brandungssaum*, dort, wo das aufschäumende Meerwasser sich mit der Luft vermischt und man eine Inhalationskur in der Natur machen kann. *Erkrankungen der Atemwege* wie chronische *Katarrhe der Nase*, der *Nebenhöhlen*, des *Kehlkopfes* usw. werden hier von der Natur behandelt. Borkum besitzt *Hochseeklima*. Das wirkt sich besonders positiv auf *vegetative Störungen*, insbesondere *Herz-Kreislaufstörungen*, *Schlaflosigkeit* sowie körperliche und seelische *Erschöpfungszustände* aus.

Aber auch bei manchen Allergien wie *Asthma-Bronchiale*, allergische Schnupfen *(z.B. Heuschnupfen), allergische Ekzeme* ist eine Meeresklimakur ebenso sinnvoll wie bei Erkrankungen des *rheumatischen Formenkreises, Entwicklungsstörungen* im Kindesalter, bei *hormonellen* und *Stoffwechselstörungen* sowie chronischen *Hautleiden* und teilweise auch *Frauenkrankheiten*.

Neben der "Natur pur", die in der Kurtaxe inbegriffen ist, stellt die Kurverwaltung eine reiche Palette von *Anwendungen* zur Verfügung. Das beginnt mit dem Meerwasserwellenbad. Daneben werden die verschie-

densten *Spezialbäder* wie Meeressolbad, Luftperlbad, Sauerstoffbad usw. angeboten. Man kann *Trockenpackungen* ebenso wie *Schlickpackungen* erhalten. Ein reiches Angebot der verschiedensten *Massagen* steht zur Verfügung dazu *Bewegungsübungen,* Atemtherapie usw. Eine *Apparateinhalation* mit Meerwasser und mit verschiedenen anderen Zusätzen wird angeboten. Es gibt Mund- und Nasenduschen und Rauminhalationen mit Meerwasser sowie aerosole Medikamentenvernebelung, bei der auch eigene Medikamente eingesetzt werden können.

Natürlich kann man die gesamte Palette der *Kneippschen Anwendungen* ebenso nutzen wie eine *Sauna mit Seewasserbewegungsbecken* und ein *Solarium.* In der Kurhalle am Meer kann man sich dann noch einer *Meerwassertrinkkur* unterziehen.

Die Abgabe einiger Kurmittel erfolgt wegen des hohen Wirkungsgrades nur gegen ärztliche Verordnung. Mitglieder von Krankenkassen können, wenn nicht wie bei den gesetzlichen Kassen direkte Abrechnung erfolgt, Quittungen zur Abrechnung mit ihrer Kasse erhalten. Wenn Sie Ihren Urlaub mit einer Kur verbinden wollen, lassen Sie sich am besten von Ihrem Hausarzt beraten und beantragen dann bei Ihrem Versicherungsträger die Genehmigung für eine offene Badekur auf Borkum. Wenn diese Ihnen jedoch nicht genehmigt wird, brauchen Sie trotzdem auf Kurmittelanwendungen nicht zu verzichten: Zur Besserung Ihrer Beschwerden kann auch ein Arzt auf Borkum Heilmittel und ergänzende Behandlungen verordnen. Die Krankenkasse übernimmt dann auch die Kosten.

H. Aswat

Geschichte zum Anfassen – Das Borkumer Heimatmuseum und der Alte Leuchtturm

Natürlich soll die Überschrift nicht ganz so wörtlich genommen werden, denn das *Borkumer Heimatmuseum* im "Dykhus" beherbergt auch Raritäten, um die es größere Museen beneiden und die entsprechend behutsam behandelt werden müssen. Da ist z.B. die komplette *Werkzeugkiste eines Schiffszimmermanns,* die der Kustos des Museums, Dr. Helmer Zühlke, vor einigen Jahren "irgendwo" entdeckte, oder die Reste eines *alten Dorfbrunnens* aus dem 13. Jahrhundert, die ihm bei einem Spaziergang am Strand auffielen, und die er mit Hilfe des Heimatvereins, der Träger des Museums ist, vor der nächsten größeren Flut retten konnte und sorgfältig konservieren ließ.

Aber das gleich in der Eingangshalle aufgebaute *Rettungsboot* mit seinem seemännischen Zubehör oder die Ausrüstungsgegenstände der *Walfänger* sind schon handfeste Exponate, an denen auch Kindern Inselgeschichte lebendig wird. Auch das *Museumshaus* selbst ist sehenswert: Es handelt sich um eines der wenigen unveränderten Insulanerhäuser, vom Typ her ein *Gulfhaus,* in dem Menschen und Vieh unter einem Dach wohnten. Durch den raschen Aufstieg des Fischerdorfes Borkum zum

Seebad ist im Ortskern selbst nicht mehr viel von den alten Häusern zu sehen, obwohl sie sich teilweise hinter neumodischen Fassaden und Umbauten verstecken. Dieses Versteckspiel dokumentiert eine eigene *Fotosammlung* im Museum. Vielleicht entdecken Sie dabei Ihr Ferienquartier einmal ganz neu.
Außerdem wird eine alte *Insulanerwohnküche* gezeigt. Es gibt eine enge *Schlafkammer* zu besichtigen. *Schiffsmodelle, nautische Geräte*, Seekarten, Segelhandbücher des Atlantischen und Stillen Ozeans und vieles andere, was die Geschichte der Insel lebendig macht, findet man.

Besonders reichhaltig ist die *naturkundliche Sammlung* mit Muscheln, Schnecken, Krabben und anderem Seegetier sowie großen Vitrinen mit etwa 200 Arten von See- und Singvögeln. Hier kann man so manches identifizieren, was man in der Natur schon gesehen hat.

Eine Besonderheit ist auch der *Alte Leuchtturm* gleich neben dem Museum, der ebenfalls vom Heimatverein betreut wird. 1576 durch die Emder Bürgerschaft als Seezeichen gebaut, diente er zugleich als Kirchturm. Er wurde vor einigen Jahren renoviert und ist jetzt im Rahmen von Führungen wieder zugänglich. Von der Turmbrüstung hat man einen der schönsten Blicke auf Borkum und die Insel.

H. Aswat

Speckmesser und Spinnräder - Geschichten aus der Walfängerzeit

Ein paar Handwerkzeuge im Museum, einige Namen auf der Karte Grönlands, ein paar Walfischbarten am Roelof-Gerrits-Meyer-Weg - viel mehr ist nicht geblieben von jener sagenhafter Zeit des Walfangs, die plötzlich kam und ebenso plötzlich abbrach ohne viel bleibende Spuren zu hinterlassen. Allerdings sind die Geschichten geblieben, und jenes naiv-märchenhafte Gemälde der Emder Grönlandfahrer „De Unie", und „Jungfrau Catherine", deren Kommandeure aus Borkum stammten. Gewaltige Schiffe, aufschäumende See, interessiert grinsende Eisbären, kleine Boote mit noch kleineren Menschen, die fast tänzerisch um die riesige Schwanzflosse eines Fisches zirkeln.

Die Emder Grönlandkompanie wurde bereits 1650 gegründet. Emder Kaufleute wollten teilhaben am gewinnbringenden Handel mit Tran und Fischbein. Schließlich war Tran der Leuchtstoff für die Lampen der damaligen Zeit. Jeder brauchte ihn, und auch das Fischbein war als Ausgangsmaterial für die verschiedensten Gegenstände sehr begehrt. Der Borkumer Jan Pieter de Jonge war einer der ersten Kommandeure, die in der Davisstraße vor Westgrönland auf Fang gingen. Und als um 1715 der Franzosenkönig den Basken, die als die besten Walfänger galten, die Arbeit für ausländische Gesellschaften verbot, begann die große Zeit der holländischen, Emder und Hamburger Reeder, die ihre Kapitäne und Mannschaften auf den Nordfriesischen Inseln und auf Borkum fanden. Der Borkumer Rickert Roos gab Kap Roos auf Spitzbergen den Namen und die Liefde-Bai wurde nach seinem Schiff „De Liefde" genannt.

In 70 Jahren kamen 83 Kommandeure und die dazugehörigen Offiziere und Mannschaften von Borkum. Oft heuerten ganze Verwandtschaften auf den Schiffen an. Mitte März war großer Abschied. Dann segelten die Kommandeure mit ihren angeheuerten Besatzungen nach Amsterdam, Hamburg oder Emden und von da weiter „op Moord un Doodslag na Grönland". Roelof Gerrits Meyer war der Erfolgreichste von allen. Er zählte in 42 Jahren eine Beute von 270 Walen, stiftete der Gemeinde zwei silberne Abendmahlsbecher, die heute noch benutzt werden, und hinterließ dem Fremdenverkehr die Walfischbarten in der nach ihm benannten Straße.

Wenn die Schiffe im späten Herbst heimkehrten, herrschte Freude und Trauer zugleich. Neben oft reicher Beute, kehrten die Schiffe oft auch mit verpichten Eichensärgen zurück. Die Arbeit hoch im Norden war gefährlich, und die Borkumer wollten auf ihrer Heimatinsel begraben sein. Um 1750 hatten von 120 Familien 40 keinen Ernährer mehr. Kein mit Erfolg heimkehrender Kommandeur versäumte es, eine ansehnliche Gabe für die Armen zu stiften und der nicht verbrauchte Proviant der Schiffe wurde an die Witwen verteilt. Da die Schiffe immer auch für den Fall einer Überwinterung im Grönlandeis verproviantiert waren, war dies eine stattliche „Sozialabgabe". Bei schlechten Fangergebnissen soll der Winter für die Witwen der Insel manchmal erträglicher als für die Walfänger selbst gewesen sein.

Insgesamt kam ein für die Insel ungewohnter Reichtum, verbunden mit sagenhaft ausgeschmückten Geschichten von Kämpfen mit dem Wal in einem geheimnisvollen „Nordland" auf die Insel. Im Sommer blieb das Leben für die zurückgebliebenen Frauen und Kinder wie bisher karg, und sie mußten die Verantwortung für das tägliche Leben ganz alleine tragen. Zum Beginn der Herbststürme kamen dann die Männer mit Geld, wilden Geschichten und hohen Erwartungen auf die Insel zurück. Die Spannungen, die sich in den einzelnen Familien durch diesen plötzlichen Umschwung ergaben, spiegeln sich im Brauchtum des Klaas Ohm heute noch wieder.

Eine Spezialität der Wintersaison: Klaas Ohm auf Borkum

Was diese Zeit in den Köpfen der Menschen so sagenhaft gemacht hat, ist aber wohl ihr plötzliches und folgenreiches Ende. 1780 begann der englisch-holländische Seekrieg. Die Engländer kaperten alle holländische Walfangschiffe und warfen die Besatzungen ein Jahr lang ins Gefängnis. Einige der reich gewordenen und auch weltgewohnten Kommandeure verließen die Insel und gingen nach Amsterdam und Hamburg. Mancher aus den alten Mannschaften folgte. Die Zahl der Inselbewohner reduzierte sich auf die Hälfte. Viele Häuser standen leer. Um das Unglück voll zu machen, gerieten in dieser Zeit die Westdünen wieder in Bewegung, und ein Teil des Dorfes wurde im Sand begraben.

Der in wenigen Jahrzehnten erworbene Reichtum ging bei einer holländischen Währungsreform Ende des 18. Jahrhunderts weitgehend verloren. Als Erwerbsquellen blieben das Eiersammeln und der Kaninchenfang, denn die Fanggeräte für den früheren Fischfang hatte man weitgehend weggegeben, weil doch der Walfang viel lohnender war.

Wie tief die Borkumer gesunken waren, stellten sie fest, als der preu-

ßische König, seit 1744 neuer und nicht besonders beliebter Herr Ostfrieslands, den „armen Menschen" auf Borkum 80 Spinnräder, 40 Haspeln und für 280 Taler Flachs stiftete „um den Weibern Gelegenheit zur Beschäftigung und zum Verdienst" zu geben. Spinnen war damals wie das spätere „Tütenkleben" Arbeit für weibliche Gefangene in den „Spinnhäusern", und die Empörung auf der einstmals so reichen Insel war groß. Empört soll man die königlichen Spinnräder auf einen großen Haufen gestapelt und verbrannt haben. Die goldene Zeit des Walfangs währte etwa 70 Jahre. Die nachfolgende neue Armut hielt es über 100 Jahre auf der Insel aus, Zeit genug, um die goldene Zeit zu verklären und zur „sagenumwogenen Heldenzeit" zu machen.   H. Aswat

Nach Leib und Seele - Borkum und seine Kirchen

Zunächst ein Blick in die Vergangenheit: Erstmals um *900 n.Chr.* wird eine christliche Gemeinde auf unserer Insel erwähnt. Danach schweigen die Quellen, bis in der ersten Hälfte des *14. Jahrhunderts* eine kleine Steinkirche auf Borkum nachweisbar ist. Diese stand westlich - also stadteinwärts - des Alten Turms, des in seiner heutigen Gestalt aus dem Jahre 1576 stammenden Wahrzeichens der Insel. Der Alte Turm, von Emder Kaufleuten als Tagesseezeichen errichtet, diente zugleich jahrhundertelang als Kirchturm. Die mit ihm verbundene Kirche mußte mehrfach verändert und wieder aufgebaut werden, bis sie zu Beginn dieses Jahrhunderts abgerissen wurde.

Borkum, wie es der Sommergast nicht kennt: Der Neue Leuchtturm im Winter

Im Jahre *1554* wird die Insel, sicher unter dem Einfluß der Ereignisse auf dem Festland, reformiert, d.h. sie schließt sich dem süddeutsch-schweizerischen Flügel der Reformation an. Der kurz darauf geprägte Siegelspruch der Gemeinde: "*mediis tranquillus in undis*" ("geborgen inmitten der Wellen") wird später zum Wahlspruch der ganzen Insel.

Der in der Mitte des *19. Jahrhunderts* beginnende Aufstieg der Insel zum Seebad, ihr Ausbau zur Marinefestung seit Beginn dieses Jahrhunderts und die Bevölkerungsverschiebungen nach dem Zweiten Weltkrieg haben auch ihre kirchlichen Auswirkungen: Auf Borkum entstehen neben der *ev.-reformierten* eine *römisch-katholische* und eine *ev.-lutherische* Gemeinde.

Die katholische Kirche "*Maria Meeresstern*" in der Kirchstraße, zunächst nur als Kapelle für Urlauber gedacht, wird 1901 Mittelpunkt einer festen Ortsgemeinde: Seitdem versieht ein katholischer Geistlicher hier seinen Dienst. Die katholische Gemeinde konnte 1987 den Bau eines Glockenturms und die Erweiterung ihrer Kirche feiern.

Im Jahre 1903 wird die ev.-lutherische Gemeinde gegründet. Ihre "*Christuskirche*" am Neuen Leuchtturm erhält in den 50-er Jahren Turm und Altarraum,

seit 1981 lädt das neue Gemeindehaus *"Arche"* zum Besuch ein.

Die ev.-reformierte Gemeinde erbaut 1896/97 die jetzige *reformierte Kirche* am Rektor-Meyer-Pfad, der Gemeindegröße entsprechend die größte der Insel.

In der *"Ökumene auf Borkum"* arbeiten die drei Gemeinden eng zusammen: Gemeinsame Gottesdienste, im Sommer einmal im Monat, bilden den Mittelpunkt für Gäste und Insulaner. Abwechselnd werden wöchentlich von den drei Gemeinden die Andachten am Musikpavillon am Meer verantwortet. Darüber hinaus findet praktisch jede Woche in einer der drei Gemeinden ein Konzert statt, oft mehrere. Die Gemeindehäuser, alle in unmittelbarer Nähe der jeweiligen Kirche gelegen, sind Orte für Vorträge und Diskussionen, für ruhiges Gespräch, für gemeinsames Singen, für Meditation. Zu den Veranstaltungen wird auf gemeinsamen Plakaten eingeladen. Die Ökumene auf Borkum endet nicht mit der Saison. Während des Winterhalbjahres trifft man sich zur ökumenischen Bibelwoche, zum gemeinsamen Weltgebetstag der Frauen und zu mindestens drei weiteren Veranstaltungen, Gottesdiensten oder Bibelabenden. Gäste und Insulaner sind eingeladen, ihre Gemeinde zu besuchen.

Pastor Ernst Otto Keßler

Ein Wochenende auf Borkum – Vorschläge für einen Kurzurlaub

"Lohnt sich das?" wird mancher fragen. Ich erhole mich schon bei einem eintägigen Inselaufenthalt besonders außerhalb der Saison, wenn der Wind etwas schärfer weht, und die Insel langsam zu ihrer Ruhe zurückfindet. Also, ich mach es so:

Freitag, 17.^{00} Uhr, letzte Fähre von *Emden,* das Auto auf den bewachten Parkplatz in Emden untergestellt, Wochenend-Rückfahrkarte für 35,00 DM gekauft, tief durchgeatmet: Der Urlaub beginnt. Auf dem Fährschiff kaufe ich mir einen Inselplan mit Wanderkarte, damit ich mich schon ein wenig auf die Urlaubsinsel einstellen kann. Gegen *19.^{00} Uhr* legen wir in *Borkum-Reede* an. Transfer zum Ort, Quartier beziehen, auspacken, *Strandspaziergang,* anschließend irgendwo einkehren: Wenn es Herbst oder Winter ist, eins der Borkumer Spezialgerichte essen, die in dieser Jahreszeit angeboten werden.

Am nächsten Morgen raus ins *Meerwasserwellenschwimmbad,* das ab 8.^{30} Uhr geöffnet hat. Anschließend mal auf den *Neuen Leuchtturm* klettern und wieder so richtig einen Überblick über die Insel gewinnen oder aber um 11.^{00} Uhr die Führung im *Alten Leuchtturm* mitmachen. Nachmittags leihe ich mir ein *Fahrrad,* das ich erst am nächsten Tag zurückgeben muß, und erkunde die Insel oder nehme an einer *Wattwanderung* teil. Abends richtig schön Essen gehen in einem der kleinen *Firschrestaurants,* z.B. dahinten halb in den Dünen, sieht von außen eher unscheinbar aus, aber hat hervorragenden Fisch, oder ganz nobel in einem der Hotels an der Strandpromenade, vielleicht aber auch

mehr ostfriesisch im "Swarten Evert". Danach noch eine kleine *Bummelfahrt* durch den Ort mit dem Fahrrad — altmodische Straßenlaternen, überall klingelnde Radfahrer, die die Verkehrsregeln nicht so genau nehmen — irgendwo noch einmal reinschauen. Aber jetzt bin ich müde.

Am nächsten Tag ist *Sonntag*. Die Inselbahn, die mich zur letzten Fähre bringt, fährt um *16.³⁰ Uhr* vom Bahnhof. Ich habe noch einen vollen Tag vor mir. Warum eigentlich nicht einmal in die *Kirche* gehen? Ich nehme die älteste, die reformierte, obwohl ich dieser Kirche nicht angehöre, aber Pastor Keßler hat durchaus was zu sagen. Die Kirche ist erstaunlich voll. Die Leute sind freundlich. Man begrüßt sich. Nach dem Gottesdienst ist die große *Bücherei* der Gemeinde geöffnet. Wenn ich doch länger bleiben könnte, würde ich bestimmt ein Buch mitnehmen. Und jetzt habe ich noch so viel vor mir, daß ich auswählen muß: Bei schlechtem Wetter vielleicht das *Nordsee-Aquarium* mit seinem interessanten Seegetier oder das *Heimatmuseum*, das man einfach mehrmals besuchen muß. Bei gutem Wetter *reiten, baden, surfen, bummeln*. Ich schaffe es gerade noch, mein Fahrrad pünktlich zurückzugeben. Das Gepäck habe ich vorsorglich am Bahnhof im Schließfach deponiert. Abendessen auf dem Fährschiff. Ich komme bestimmt wieder!

H. Aswat

Einladung zum Strand – Was man alles so entdecken kann

Wenn man so einen geübten Blick hat wie der Kustos des Heimatmuseums, entdeckt man am Strand natürlich auch Spuren alter Besiedlung. Für normale Strandgänger sind aber in jedem Fall die Spuren älterer Festungsanlagen, unter hohen Dünen begraben und teilweise wieder freigeweht, erkennbar. Aber auch sonst gibt es viel zu sehen, was besonders auch Kinder interessiert: Da ist die Hochwassermarke, die jede Flut durch den sogenannten *Spülsaum* hinterläßt. Am Spülsaum finden wir manche seltsame Dinge, die das Meer an Land gespült hat. (Leider auch Plastikflaschen und anderen Unrat).

Aber da sind auch Muschelschalen, die als helle und dunkle Punkte auf dem Sand liegen, manchmal auch im ganzen Haufen, "Schill" genannt. Am häufigsten ist die Herzmuschel, die längsgerippt ist und in verschiedenen Farben vorkommt, so daß man eine ganze Sammlung anlegen kann. Die *Herzmuschel* ist ebenso eßbar wie die *Miesmuschel*, die manchmal in Bündeln am Strand liegt. Eine weitere eßbare Muschel, *die vornehme Auster*, gab es im vorigen Jahrhundert in der südlichen Nordsee noch sehr häufig. Durch Raubbau und Versandung der Austernbänke ist sie heute hier ausgestorben. Aber man findet hin und wieder noch Austernschalen, die von alten Bänken losgespült wurden. Sie sind fast handtellergroß und fallen durch den vielschichtigen, dikken Schalenaufbau und die Perlmuttschicht auf. Häufiger sieht man die weißen, eigroßen Schalen der ebenfalls eßbaren *Sandklaffmuschel oder Sandauster*. Man findet die dunkelgebänderte runde *Trogmuschel*, das *strahlige Narrenherz* mit den hellen Längsstreifen, kleine *Pfeffermu-*

scheln, rot- und gelbgebänderte *baltische Tellmuscheln* sowie die *flache Tellmuschel*, auch rote Bohne genannt, weil sie glänzend rot oder gelb gefärbt ist. Die *amerikanische Bohrmuschel*, wegen ihrer Form Engelsflügel genannt, wurde um 1890 eingeschleppt. Aber auch andere Bohrmuschelarten wie die weiße und die rauhe Bohrmuschel sind zu finden. Auffallend ist die bis zu 20 cm lange *Messermuschel*, die durch ihre dem Taschenmesser ähnliche Form leicht zu erkennen ist.

Neben den Muscheln gibt es dann die Schnecken, z.B. die bis zu 10 cm große *Wellhornschnecke*, die zierlich gewundene *Turmschnecke* (ca. 6 cm) oder die *Wendeltreppe*, die man aufgrund ihrer dem Namen entsprechenden Form ebenso erkennen kann wie die *Pantoffelschnecke*.

Und dann sind da Krebse, wie z.B. die *Strandkrabben*, die Dwarsloper genannt werden, weil sie sich seitwärts fortbewegen. Strandkrabben und *Taschenkrebse* sind öfter zu finden. Die *Schwimmkrabbe* wird meist tot angetrieben. Ein seltsames Lebewesen ist der *Einsiedlerkrebs*, der in leeren Schneckenhäusern wohnt, wobei er die Häuser im Laufe seiner Entwicklung wegen der Größe immer wieder wechseln muß. Der häufigste Nordseekrebs, die *Sandgarnele*, ist nicht rot, wie wir sie vielleicht im Restaurant als "Granat" serviert bekommen, sondern hat eine sandgraue Schutzfarbe und ist deshalb schwer zu entdecken. Man kann sie bei Ebbe in Strandtümpeln finden.

Schön anzusehen sind die Quallen, wenn sie im freien Wasser schwimmen: Die *Kompaßqualle* mit der braunen, kompaßähnlichen Zeichnung, die *Ohrenqualle* mit vier ohrenförmigen, rötlichen Halbkreisen und die *Blumenkohlqualle*. Oft zu Tausenden angetrieben werden die nur *walnußgroßen Kugelrippenquallen*. Trotz des faszinierenden Anblicks sollte man um die blaue Nesselqualle einen großen Bogen machen: bei Berührung senden ihre Nesselzellen ein Gift aus, das mehr oder minder schwere Hautreizungen hervorruft.

Ohne Schwierigkeiten erkennen wir den *Seestern*. Er wird oft in Massen angetrieben und muß am Strand kümmerlich verenden. Verwandt mit ihm ist der 3 bis 4 cm große *Seeigel* und der etwas größere *Strandigel*, die man hin und wieder entdecken kann.

Vielleicht legen wir uns im Urlaub mal eine kleine Muschelsammlung an (aber bitte nur am Erholungsstrand sammeln. Alles andere stört den Frieden der Natur). Unsere Muschelsammlung identifizieren und überprüfen wir im Heimatmuseum, oder wir kleben uns an einem Regentag daraus ein schönes Muschelbild zusammen, das uns noch lange an den Urlaub auf Borkum erinnern wird.   H. Aswat

Inselrundfahrt

Die Borkumer Kleinbahn veranstaltet ganzjährig *Inselrundfahrten*. Man kann eine derartige Fahrt aber auch mit dem Fahrrad selbst durchführen und lernt dabei manches Wissenswerte über die Insel kennen. Die Route beträgt ca. 25 km.

Wir starten am *Friedhof* der reformierten Gemeinde an der *Süderstraße* in Richtung Strand. Nach kurzer Fahrt sehen wir rechts das hohe

Gebäude der ehemaligen *Marinenachrichtenstation*. An dem Kreuzmast wurden bis vor wenigen Jahren die optischen Sturmsignale aufgehängt. Der rot-weiße *Leuchtturm* ist das sogenannte *Leitfeuer*. Der danebenstehende *Gittermast* (58 m hoch) wurde 1968 als Außenposten des *Radarleitsystems* in der Emsmündung errichtet. Wir biegen jetzt nach links in die Siedlung *Isdobben* ein. Der Name erinnert an Wasserflächen, die vom Fiskus an Brauereien verpachtet wurden, die hier Eis für die Kühlung entnahmen. Die Flächen wurden in den 60er Jahren drainiert und als Bauland ausgewiesen. Über die *Randzelstraße* fahren wir in die *Kiebitzdelle*, eine lange Senke, die wohl bis 1700 Strandfläche war und nun von einem ca. 2 km langen Dünengürtel geschützt wird. Auf dieser ca. 30 ha großen Fläche darf gebaut werden. Die Kultivierung begann nach dem Ersten Weltkrieg. Als wichtigste Maßnahme wurde ein Entwässerungsgraben angelegt, den man rechterhand sehen kann. Nach dem Zweiten Weltkrieg wurden hier sehr viele Zweit- und Ferienwohnungen errichtet. Wir biegen nach links in das *Weertsgatt* ein. Bis 1932 wurde dieses Gebiet bei extrem hohen Wasserständen überflutet. Hinter dem Weertsgatt wurde auch das Kesselwasser für Dampfschiff und Lok entnommen. Wir befinden uns nun auf der *Reedestraße* und sehen linker Hand Weideflächen, die der Allmendenutzung unterstehen und im Besitz der politischen Gemeinde sind. Diese Flächen haben sich durch Ablagerungsstoffe des Meerwassers gebildet und sind heute durch den *neuen Seedeich*, der 1932 bzw. 1975 errichtet wurde, geschützt. Der Deich ist 6,50 m hoch, 5,5 km lang und hat eine Breite von 60 m am Deichfuß.

Bei der Weiterfahrt sehen wir bald auf der linken Seite die sogenannten *Hellerflächen*. Die hier gedeihenden Pflanzen sind seewasserabhängig, da das Gebiet immer wieder überflutet wird. Der Verlandungsprozeß wird durch angelegte Gräben gefördert. Ein Großteil der auf Borkum vorkommenden Seevögel nistet hier. Hier wurde auch bis vor kurzem der Schlick für Kuranwendungen entnommen. Zur Rechten sieht man auslaufend die *Greune Stee*. Der davorliegende Strand heißt *Ronde Plate*. Der uns begleitende 7 km lange *Bahnkörper* wurde 1888 gebaut. Die Reedestraße wurde für militärische Zwecke zu Beginn des Zweiten Weltkrieges angelegt. Im Nordosten kann man den Leuchtturm der *Vogelinsel Memmert* (ca. 10 km) sowie eventuell Teile des Dorfes von *Juist* erkennen. Im Süden sieht man auf etwa 12 km die *holländische Küste*.

Die vor uns erscheinenden Baulichkeiten gehören zur sogenannten *Reede*, die durch den Bau des ersten Fähranlegers (1888) entstand. Er wurde gebaut, weil der ursprünglich benutzte Hafen, das sogenannte *Hopp*, gezeitenabhängig war. Seit 1908 ist auch die *Marine* hier ansässig. Im Zuge des militärischen Ausbaus im Dritten Reich wurde hier ein Seefliegerhorst errichtet. 1938 wurde mit dem Bau eines U-Boothafens begonnen. Es handelt sich um den heutigen Schutzhafen, der eine Wasserfläche von 22 ha bei einer Mindestwassertiefe von 6 m hat. Alle militärischen Anlagen wurden 1945 gesprengt. Seit dieser Zeit ist das Gebiet *internationaler Schutzhafen* sowie auf der Nordseite *Natostütz-*

Scheunenrestaurant
mit ostfr. Spezialitäten
Biergarten & Grillhütte
Café-Terrasse
Ponyreiten
attraktives Veranstaltungs-
Programm

...am „Alten Deich" gelegen
Telefon: 4176

Upholm-Hof

punkt.

Wir fahren nun über die Reedestraße zurück durch das große Deichtor mit einem plattdeutschen Spruch, der auf Hochdeutsch lautet: "Wer nicht will deichen, der muß weichen", und biegen nach rechts in die *Ostfriesenstraße* ein, die 1941/42 als militärische Gleistrasse gebaut wurde. In den 60er Jahren wurde das Gebiet aufgesiedelt. Hier ist der beste Inselboden. Zur Linken sieht man parallel zur Ostfriesenstraße den um 1600 erbauten *zweiten Deich* der Insel, der bis 1932 den Ort und die Wiesen schützte. Er ist in historischen Sturmfluten viele Male gebrochen. Vor uns liegen jetzt die *Norddünen des Westlandes* mit den beiden Gaststätten "Unterm Reetdach" und "Geflügelhof". In diesem Bereich befanden sich in der Militärzeit die beiden schwersten Batteriestellungen mit Geschützen Kaliber 28 cm, die 16 m lang waren und pro Geschütz 150 Tonnen wogen. Das Gebiet zur Linken heißt *Waterdelle*. Hier wird im wesentlichen das *Trinkwasser* der Insel gewonnen, das man als Niederschlagswasser bis zu einer Tiefe von 40 m findet (darunter folgt Seewasser). Die Tiefbrunnen sind etwa 10 m tief. Das Wasser ist sehr sauber, hat allerdings durch Eisenoxyde eine leicht bräunliche Färbung.

Wir kommen nun zum *Flugplatz* und der weiten Fläche des *Tüskendörhellers*. Wie der Name sagt, war dies eine Überflutungsfläche, die bei Hochwasser die beiden Inselteile trennte. 1864 wurde durch Schaffung des sogenannten Hinterwalls das "Zwischendurch" beendet. 1924 begannen die Junkerwerke einen Seebäderflugdienst mit Wasserflugzeugen vom Typ FW 13. Ein Jahr später wurden Landmaschinen eingesetzt und der Flugplatz errichtet. Heute gilt der Flugplatz Borkum als sehr sicher und hat eine jährliche Frequenz von ca. 40.000 Passagen. Im Krieg wurden hier Jagdflugzeuge vom Typ Me 109 stationiert. Die letzte Überflutung des Flughafens war im November 1973. Danach wurde der Sommerdeich im Osten erhöht, so daß keine Überflutung mehr zu befürchten ist.

Vor uns liegt das *Ostland*, der zweite, etwas kleinere Inselteil, der 1752 besiedelt wurde: Der erste Siedler Steffen Akkermann errichtete mit Erlaubnis des Königs von Preußen hier eine Schafhürde. Die Entwässerung des Gebiets erfolgt durch den Priel *"Groote Schloot"* auf natürliche Weise. Das vor dem Deich lagernde bis 1975 im Überflutungsbereich liegende Land von etwa 200 ha ist ebenfalls Gemeindeeigentum und wird als Allmende genutzt. Das gesamte Gebiet ist auf 5 Bauernhöfe aufgeteilt und wird ausschließlich durch Wiesen-Weide-Nutzung bewirtschaftet. Der größte der 5 Bauernhöfe, der Hof Aggen, hat an eingedeichter Fläche 32 ha. In normalen Jahren wurden hier 45 Milchkühe gehalten. Inzwischen hat man sich aber mehr dem Fremdenverkehr zugewandt (Campingplatz Aggen usw.).

Hinter dem Klinkerbau (Michaelsen), der jetzt sichtbar wird, befindet sich ein weiteres Wasserwerk der Gemeinde Borkum. Die *Norddünen des Ostlandes* wurden auch als Artilleriestellungen ausgebaut. Reste dieser Stellungen sind noch sichtbar. Auch die Versuchsabschüsse der Raketen von *Wernher von Braun* fanden hier 1934 statt. An der höchsten Düne im Osten endete die militäreigene Bahnlinie, die nach dem Krieg abgebaut wurde. Die Trasse ist aber noch zu erkennen. Für die Rückfahrt empfehlen wir den *neuen Seedeich* mit sehr schönen Ausblicken auf das *Wattenmeer*.

H. Aswat nach Informationen der Borkumer Kleinbahn.

Borkum-Runden - Vorschläge für Wanderungen

Borkum ist mit 120 km Wanderwegen (die Strandwanderungen nicht gerechnet) Wanderland. Die Wegeführungen sind mit der Nationalparkverwaltung "Niedersächsisches Wattenmeer" sorgfältig abgestimmt, so daß auch die Belange des Naturschutzes voll berücksichtigt werden. Die Wege mit ihren Numerierungen sind auf der SI-Inselkarte Borkum dargestellt.

Nachstehend beschreiben wir vier Rundwege, auf denen Sie die Insel in ihrer Vielfalt kennenlernen können. Für die Zeiteinteilung sollten Sie von einem Schnitt von 4 km/h, bei Strandwanderungen etwas weniger, ausgehen. Bitte beachten Sie, daß insbesondere in den Dünen und sonstigen Schutzgebieten die Wege nicht verlassen werden dürfen. In Klammern sind bei jeder Wanderung die zu benutzenden Wanderwege und die Gesamtkilometer angegeben.

BORKUM RUND (1/3 - 25 km): Vom *Nordbad* zum *Nordstrand* und bis *Hoge Hörn* am Ostende der Insel (*Wichtig:* Hoge Hörn ist Brutgebiet. *Unbedingt auf den Wegen bleiben!*). Hier gute Sicht auf drei Nachbarinseln: *Lütje Hörn* (3,5 km, unbewohnt), *Memmert* (5,5 km, Vogelschutzinsel mit Wohnhaus des Inselvogts und Aussichtsdüne), *Juist* (8 km). Über den *Neuen Deich*, *Wolde-Dünen (Infowagen Nationalpark)*, *Aussichtsdüne*, *Süddünen*, *Heimliche Liebe* zurück.

DÜNENWANDERUNG (2/5/2 - 16 km): *Großes Kaap* auf der alten Inselbahntrasse (anstrengend!) über *Emmich-Denkmal* bis zur *Ostbake*; dann auf den *Neuen Deich*, nach ca. 2 km rechts ab über das Ostland zum *Jägerheim* (Flugplatz), erneut durch die Dünen zurück zum Ausgangspunkt.

SÜDSTRANDWEG (1/3/6/(4) - 7 km): *Südbad* über die Mauer zum *Südstrand*. Wo die Mauer endet, biegen wir links auf den Wanderweg zu den *Wolde-Dünen* ein. In den Wolde-Dünen können wir entweder nach rechts abbiegen und kommen dann auf dem Parallelweg zum Schutzhafen *Borkum-Reede* (Feuerschiff "Borkum-Riff" und Rettungskreuzer "Alfried Krupp") oder wir gehen nach links und laufen über die *Aussichtsdüne* zur "*Heimlichen Liebe*" am Südstrand.

TÜSKENDÖR RUNDE (5 - 8 km): *Flughafen, Campingplatz Ostland* am *Tüskendör-See* vorbei zum *Neuen Deich*. Hier nach rechts und zurück durch die *Bantjedünen*.

H. Aswat

Ein Streifzug durch die Borkumer Küche

Wenn man heute durch die Inselgeschäfte und Supermärkte geht, so unterscheiden sich diese nicht wesentlich von denen auf dem Festland. Täglich liefern LKW's mit der Fähre Frischwaren an. Das ist nicht immer so gewesen.

Früher mußte der Speisezettel so aufgestellt werden, daß man die Mahlzeiten aus dem bereitete, was die Natur auf der Insel lieferte. Im Sommer war das natürlich Fisch in jeder Form und Gemüse "ut de eigene Tune" (Garten). Im Winter gab es getrocknetes oder eingelegtes Gemüse sowie gepökeltes und geräuchertes Fleisch und zahlreiche Milchspeisen.

Frische Salate fand man in der insularen Küche kaum. "Greunte" war für die "Kaujen" (Kühe), also für menschlichen Genuß nicht geeignet.

Viele dieser traditionellen Gerichte werden auch heute noch gerne gegessen und auch in einigen Gaststätten zubereitet, so zum Beispiel der *Sniertjebraden*, früher ein Schlachtfest, zu dem man Freunde und Nachbarn einlud, heute gemeinsames Essen nach dem *"Klootschießen"* im Winter. Zum *Sniertjebraden* braucht man zu gleichen Teilen fetten Nakkenbraten und Schulterbraten, dazu Schweinefett, Zwiebeln, Salz und Pfeffer. Das Ganze wird in heißem Fett von allen Seiten scharf angebraten. Anschließend läßt man es schmoren und gibt die ganzen Zwiebeln in den Schmorprozeß mit hinein. Dazu gehören Salzkartoffeln, Rote Bete oder Zuckergurken.

Kaum eine Insulanerfamilie, in der nicht zur Neujahrszeit *Soltfleis* (Pökelfleisch) mit *Botterstip* (Buttersoße) gegessen wird und *Waaweltjes* gebacken werden. *Graue Arten* (Kapuzinererbsen) und *Updrögte Bontjes* ebenso wie der bekannte *Grünkohl* sind schmackhafte, doch leider sehr schwer verdauliche Gerichte. Vielleicht ein Grund, einen "Ostfriesischen Landwein" (Klaren) zu trinken?

Tuffelschlufkes (Kartoffelpuffer) und *Pannjefis* (Fischomelett aus Fisch- und Kartoffelresten und getrocknetem Speck) zeugen davon, daß in der Küche sparsam gewirtschaftet werden mußte. Häufig genug ersetzten *Kaarmelkbree* (Buttermilchbrei mit Graupen) und Schwarzbrot eine Mahlzeit. Eine Spezialität besonderer Art stellt der *Beistmehlpüt* dar. Dies ist eine wohlschmeckende Speise, die aus der ersten Milch der Kuh nach dem Kalben, der Beistmelk, hergestellt wird. Im Zeitalter der Tütenmilch benötigt man jedoch Beziehungen, um an *Beist* heranzukommen.

Zum Schluß dieses kleinen Ausflugs in die Inselküche sei die *Bontjesopp* nicht vergessen. Keine Familienfeier, besonders Kindtaufe, Hochzeit und dergleichen, bei der nicht diese Suppe besonderer Art angeboten wird. Wie wär's? Probieren Sie doch mal! (Rezept s. u.)

Für Hobbyköche nun noch ein original ostfriesisches Rezept: Die *"Roll in Suur"* (Saure Rolle vom Rind). Man benötigt dazu 3 Pfund grobes Rindergehacktes, 30 g Salz, 5 g Pfeffer und 2 g Nagelpfeffer. Das Rindergehackte wird mit den Gewürzen gut gemischt und in einen Rinderpansen eingenäht. Das Ganze läßt man in reichlich Salzwasser etwa $2\,^{1}/_{2}$ Stunden langsam kochen. Danach wird Buttermilch aufgekocht, die Molke abgenommen und kaltgestellt. Der Pansen mit Inhalt wird nun in einen Steintopf gegeben und mit der Molke übergossen. Dann wird der Steintopf mit einem darüber gelegten Brett verschlossen. Dieses Brett sollte möglichst mit einem Stein beschwert werden. 8 Tage müssen Sie warten, bis das ganze "durchgezogen" ist. Sie können sich den Genuß aber auch für zwei bis drei Wochen später aufsparen.

Zum Verzehr schneidet man die Rolle in fingerdicke Scheiben, wälzt sie in Mehl und brät sie in der Pfanne knusprig braun. Als Beilagen gehören zur *"Roll in Suur"* Salzkartoffeln, Rotkohl und *Zwiebelstip*. Für diese Zwiebelsoße schneidet man 250 g getrockneten, durchwachsenen Speck in Würfel und brät ihn in der Pfanne aus. 750 g feingeschnittene Zwiebeln werden in der Pfanne gedünstet. Man gibt dann 2 Eßlöffel Mehl dazu und füllt die Mehlschwitze mit einem Liter Milch auf. Mit etwas Pfeffer und Salz wird abgeschmeckt. Und nun guten Appetit!

F. Rote

Boontje Sopp

Diese "Bohnensuppe" hat es in sich. Sie wird in Ostfriesland bei Familienfeiern oder auch als Willkommenstrunk serviert: Man nimmt ca. 200 g Rosinen und setzt sie mit einer Flasche Klaren (38 Vol. %) und 2 Eßlöffel Kandiszucker an. 8 Tage läßt man die Mischung ziehen, dann ist die Boontje Sopp fertig. Man "verzehrt" sie aus henkellosen Ostfriesentassen oder aus dem Zinnlöffel. Wer den Geschmack etwas schärfer wünscht, kann noch eine getrocknete Ingwerwurzel mitquellen lassen.

Der Nationalpark Niedersächsisches Wattenmeer

Borkum ist Teil des *Nationalparks Niedersächsisches Wattenmeer*, der sich von der Emsmündung über das Ostfriesische Wattenmeer, die Ostfriesischen Inseln und den Jadebusen bis zum Neuwerker Watt und nach Cuxhaven erstreckt.

Im Nationalpark soll ein einzigartiger Lebensraum besonders geschützt werden. Zu diesem Lebensraum gehören Fische, Wat- und Wasservögel, Seehunde und andere Tiere ebenso wie die reichhaltige Pflanzenwelt und der Mensch, der hier seit Jahrhunderten zu Hause ist oder Jahr für Jahr seine Erholung findet. Der Nationalpark ist in drei Schutzzonen gegliedert und trägt damit zu einem Interessenausgleich zwischen Naturschutz und menschlicher Nutzung, wie z.B. der Erholung, bei.

Ruhezone

Diese am strengsten geschützte Zone dient vor allem dem Schutz der Tiere und Pflanzen. Auf Borkum gehören der Strandsee, die Bereiche Waterdelle, Muschelfeld und Greune Stee, der Tüskendörsee, die Ostspitze von der Dünenkante bis Hoge Hörn sowie die Strände der Runden Plate und des Südstrandes dazu, außerdem der größte Teil der im Osten und Süd-Osten gelegenen Wattflächen sowie der Heller nördlich der Reedestraße. Außerhalb des eigentlichen Inselbereichs gehören zur Ruhezone das Randzelwatt/Lütje Hörn und die Seehundbank "Hohes Riff", die auf keinen Fall betreten werden darf. Hier befinden sich die wertvollsten und empfindlichsten Landschaftsteile sowie die Pflanzen und Tierarten, die den meisten Schutz benötigen. Die Ruhezone darf nur auf den markierten Wegen betreten werden; weitere Einzelheiten sind dem Faltblatt der Nationalparkverwaltung zu entnehmen. Betretungsverbote und sonstige Hinweise sind unbedingt zu beachten.

Zwischenzone

In der Zwischenzone soll besonders der Charakter des Wattenraumes erhalten bleiben. Zu dieser Zone gehören auf Borkum u.a. die Wattflächen vor den Stränden, der gesamte nördliche Strandbereich bis Hoge Hörn und die zentralen Dünenbereiche Ostland, Süddünen, Woldedünen. Der Mensch soll in dieser Zone auf die Natur Rücksicht nehmen. (Kein Lärm, kein wildes Zelten und Feueranzünden, keine Verunreinigung). Der Bereich zwischen seewärtigem Deichfuß und der mittleren Tidehochwasserlinie, das sogenannte Deichvorland, darf in der Brut- und Aufzuchtzeit der Vögel (vom 1.4. bis 31.7.) nur auf den markierten Wegen betreten werden.

Erholungszone
Hierzu gehören auf Borkum im wesentlichen die Badestrände. Die Erholungszone dient dem Bade- und Kurbetrieb. Die Verwendung von motorgetriebenen Geräten, Strandbuggies, Parasailing oder ähnlichen Geräten ist nicht erlaubt. Auf der ganzen Insel dürfen Hunde nur an den Hundestränden frei herumlaufen.

Im Nationalpark werden Führungen und Vorträge angeboten. Die Kurverwaltung sagt Ihnen hierzu Näheres. Außerdem bieten das Nationalparkschiff "Borkum Riff" und der Infowagen in den Woldedünen weitere Informationen.

Für *Wassersportler* gilt seit 1992 eine neue *Befahrensregelung im Nationalpark:* Von drei Stunden nach bis drei Stunden vor dem Mittleren Tidehochwasser (MTHW) dürfen die Ruhezonen nur auf den ausgewiesenen Fahrwassern befahren werden. Besondere, nach der Befahrensverordnung festgelegte Seen- und Schutzgebiete sowie Brut- und Mausergebiete von Vögeln dürfen während bestimmter Sperrzeiten überhaupt nicht befahren werden, hierüber geben die Seekarten Auskunft.

H. Aswat

Dünenschutz – Warum und wie?

Die Dünen sind ein äußerst fein aufeinander und auf die natürlichen Umweltbedingungen abgestimmtes System. Auf die relativ kargen, fast nur mit Strandhafer bedeckten seewärtigen Dünen, "Weißdünen" genannt, folgen immer dichter mit immer vielfältigeren Pflanzen bewachsene Altdünen, die Grau- und Braundünen. Sie liegen im Schutz der Weißdünen, die den Sand und die allzu starken Winde von den empfindlichen Pflanzen abhalten. Der Strandhafer mit seinen schlanken, harten Blättern bietet dem Sand keine Angriffsfläche. Er ist in der Lage, meterhohe Verwehungen einfach zu durchwachsen und verfestigt so mit Wurzeln und Ausläufern den Sand. Ohne ihn würden die Dünen einfach fortgeweht. Bei Vertritt ist allerdings auch seine Widerstandskraft überfordert: Er kann sich nicht mehr erholen. Dies ist der Grund, weshalb das Betreten von Randdünen so strikt verboten ist. Denn die bewachsenen Dünen erfüllen wichtige Aufgaben im Inselschutz.

Aber auch die dichte Pflanzendecke der weiter inseleinwärts liegenden Dünen ist äußerst empfindlich gegen Vertritt. Werden die Pflanzen niedergetreten, so sterben sie ab und unter der dünnen Humusschicht kommt der weiße Sand zum Vorschein, aus dem die ganze Insel besteht. In diese Wunden der Pflanzendecke greift der ständig wehende Wind, erfaßt den Sand und weht ihn fort. Die Pflanzen der Altdünen sind auf wehenden Sand aber nicht eingestellt, er wirkt auf die Blätter wie ein Sandstrahlgebläse und schleift sie ab - zuerst nur an der windzugewandten Seite, aber irgendwann stirbt die Pflanze. So entsteht eine neue Lücke in der Pflanzendecke, und noch mehr Sand verweht. Im schlimmsten Fall entstehen so im Inselinnern "Wanderdünen", und es kostet viel Zeit, Geld und Mühe, diese wieder festzulegen.

Also kein Spaziergang durch die Dünen? Doch! Über die ganze Insel verteilt sich ein gut ausgebautes Netz von Reit- und Wanderwegen, das mit der Nationalparkverwaltung abgestimmt wurde und zu den schönsten Stellen führt. Hier zerstören Sie nichts und können trotzdem die einmalige schöne Dünenlandschaft genießen.

Leider passiert es immer wieder, daß Wanderer versehentlich oder auch vorsätzlich von den Wegen abweichen, Pflanzen ausreißen oder zertreten und damit den Bestand der Dünen gefährden. Um dies zu verhindern, ist eine umfassende Einzäunung und Beschilderung erforderlich. Durch Ihr beispielhaftes Verhalten helfen Sie mit, die Dünen zu erhalten und die Zäune und Schilder vielleicht eines Tages verschwinden zu lassen, weil sie überflüssig geworden sind.

Schultenkötter †

Damit die See lebt - Umweltschutz von langer Hand

Vögel

Robbensterben und Algenblüte waren Schreckensmeldungen, die vor einigen Jahren durch die Medien gingen. Zwar haben Gutachten und Untersuchungen ergeben, daß das Nordseewasser *einwandfreies Badewasser* ist, aber dieselben Untersuchungen haben auch gezeigt, daß die Nordsee "auf der Kippe" steht: Das ökologische Gleichgewicht ist gestört, das Wasser droht "umzukippen". Schuld daran hat der Mensch, der das Meer seit Jahren als Müllkippe für Abfälle aller Art benutzt. Die Ostfriesischen Inseln hatten bereits im Jahre *1983* ein *Umweltgutachten* in Auftrag gegeben, das *1985* veröffentlicht wurde und diese Mängel deutlich aufzeigte. Auf der Grundlage dieses Gutachtens wurde im Herbst *1987* von den Inselgemeinden eine *Resolution zur internationalen Nordseekonferenz* verabschiedet. Leider bedurfte es erst der geschilderten Schreckensmeldungen, um die Öffentlichkeit für das Problem wachzurütteln. Durch die Stationierung des *Nationalparkschiffs "Feuerschiff Borkum Riff"* ist im Jahre 1989 auf Borkum ein besonderer Akzent für die Umweltaktivitäten der Nordseeinseln gesetzt worden. Das letzte deutsche Feuerschiff will beileibe nicht nur Museumsschiff und technisches Denkmal sein, sondern ist das erste schwimmende Informations- und Bildungszentrum der Bundesrepublik für den Natur- und Umweltschutz. Einen ersten Großeinsatz hatte die "Borkum Riff" bei der *3. Internationalen Nordseekonferenz im März 1990* in Den Haag, Holland. Vertreter der niederländischen, deutschen und dänischen Wattenmeerinseln besuchten mit dem Feuerschiff gemeinsam die Konferenz und trugen die Forderungen und Ängste der Inselbewohner vor.

Nordseevögel

- SANDREGENPFEIFER
- STOCKENTE
- KRICKENTE
- BRANDGANS
- GRAUGANS
- KIEBITZ
- LACHMÖWE
- AUSTERNFISCHER

Vogelbilder: Verein Jordsand

Über 250 verschiedene Vogelarten sind als Brut-, Rast- oder Durchzugvögel auf den Ostfriesischen Insel anzutreffen.

Die Hilfen für den "Patienten Nordsee" müssen immer aus einer Mischung von sehr persönlichem Beitrag des Einzelnen (Urlauber wie Insulaner) und staatlichen, regionalen und überregionalen Maßnahmen bestehen. Wir möchten Ihnen deshalb nachstehend für einige problematische Bereiche die vorgesehenen bzw. schon durchgeführten "Großmaßnahmen" schildern und Ihnen zugleich einige Hinweise für Ihren persönlichen Beitrag geben:

Die Umweltminister der Mitgliedsländer der Europäischen Gemeinschaft haben im Juni 1988 in Luxemburg ein Bündel von Maßnahmen zur Entlastung der Umwelt beschlossen. Ganz oben steht dabei das *Abwasserproblem*. Kommunale und industrielle Abwässer gelangen durch die Kläranlagen in die Flüsse, die wiederum in die Nordsee münden und viel zu hohe Anteile an Schadstoffen, vor allem Nitrate und Phosphate, einleiten. Diese Stoffe führen zu einer Überdüngung der See, der Sauerstoff wird verbraucht, und in letzter Konsequenz kippt die See um und stirbt. Um diese Gefahr abzuwenden, sollen den Abwässern weitgehend die Nitrate und Phosphate entzogen werden. Dafür sind *Extra-Reinigungsstufen* in den Klärwerken nötig. Alle Gemeinden bis zu 20.000 Einwohner müssen ihre Klärwerke mit *mechanischer und biologischer Klärstufe* ausstatten. Innerhalb der nächsten Jahre sollen darüber hinaus alle Gemeinden mit über 20.000 Einwohnern eine *Phosphate abbauende Klärstufe* erhalten.

Auf Borkum gibt es wie auf allen Ostfriesischen Inseln eine vollbiologische Kläranlage, die bereits mit einer dritten Reinigungsstufe zur Stickstoffelimination und Phosphatreduzierung sowie zusätzlich mit einer nachgeschalteten Pflanzenklärung ausgestattet ist. Sie können ihren Teil zum Umweltschutz beitragen, indem Sie ausdrücklich als umweltfreundlich ausgewiesene Produkte (und die auch nur sparsam) verwenden - vom Haarwaschmittel bis zum Seifenpulver. Darüber hinaus können Sie auch in Ihrem Heimatort mit dafür sorgen, daß die vorgeschriebenen Verbesserungen der Reinigungsstufen möglichst bald in Angriff genommen werden, denn Emscher und Lippe entwässern ebenso in die Nordsee wie Rhein und Elbe, und bis auf die Donau und ihr Einzugsgebiet fließen alle anderen Bäche und Flüsse letztendlich in die Nordsee.

Die Belastung des Wassers durch *Fäkalien der Fahrgastschiffe* hat bereits ein Ende: Die Fährschiffe sind so umgerüstet worden, daß sie an Land entsorgt werden können. Die übrigen *Schiffe*, die auf der Nordsee verkehren und oft nicht davor zurückschrecken, ihre Tanks auf See mit Meerwasser zu spülen oder Reste von Altöl abzulassen, bleiben noch ein Problem. Um diesen Umweltsündern auf die Spur zu kommen, sind *Aufklärungsflugzeuge* im Einsatz, die mit speziellen Kameras die Ölsünder aufspüren und zur Verantwortung ziehen können. Wenn Sie selbst Freizeitkapitän sind, gehen Sie bitte hier auch bei Ihren Sportskameraden mit gutem Beispiel voran. Ein weiteres Problem für das Nordseewasser ist die Gülle-Einleitung durch die Landwirtschaft; hier soll die *Gülle-Verordnung*, die ein Verbot der Düngung im Winterhalbjahr und an Wasserrändern vorsieht, die Werte senken helfen.

Eine besondere Kostbarkeit ist auf Borkum das *Süßwasser*: Das Regenwasser sammelt sich in unterirdischen Süßwasserlinsen. Dort bleibt es aber nur so lange süß, wie nicht zuviel entnommen wird. Leert sich die Mulde zu stark, fließt Salzwasser von außen nach. Deshalb gehen Sie sparsam mit dem Süßwasser um! Duschen Sie beispielsweise statt zu baden oder legen Sie einen Ziegelstein in den Wasserkasten der WC-Spülung - das hilft Wasser sparen.

Ein weiterer Bereich des Umweltschutzes sind die *Schutzzonen* im Nationalpark. Robbenbänke und Vogelbrutgebiete sind große Attraktionen für den Urlauber, und jeder möchte sie gerne besuchen. Aber Menschen erschrecken die Tiere, gefährden ihre Ruhe bei der Aufzucht der Jungen und damit die ganze Art. Deshalb sind auf Borkum und im Wattenmeer Ruhezonen eingerichtet worden, in denen die Tiere ganz ungestört sein sollen. Ein besonderer Bereich ist hier die Seehundsbank auf dem "Hohen Riff", auf der sich zur Freude aller wieder viele Seehunde ausruhen. Sie unterliegt der höchsten Schutzstufe des Nationalparks, und das Betreten ist grundsätzlich streng verboten. Um den erforderlichen Sicherheitsabstand von ca. 500 m einzuhalten, ist vor Ort mit Schildern und Holzpflöcken eine Grenzlinie markiert, die nicht überschritten werden darf - eigentlich eine Selbstverständlichkeit, und trotzdem mußte man Geldbußen einführen.

Angesicht der "großen Umweltverschmutzer" mag Ihnen Ihr Bemühen um den Schutz der Nordsee geringfügig erscheinen, aber wenn ein Eimer randvoll ist, genügt ein Tropfen zum Überlaufen, und so ist umgekehrt jeder "Tropfen Hilfe" für die Nordsee willkommen und wichtig. Dies Büchlein wurde z.B. auf chlorfrei gebleichtem Recycling Papier gedruckt, damit wenigstens ein wenig weniger chlorierter Kohlenwasserstoff ins Meer gelangt.

H. Aswat

Das Watt - Eine eigene Welt

Watt - das ist der Küstenstreifen, der bei Ebbe trockenfällt und mit der aufkommenden Flut wieder im Wasser verschwindet. Und es ist für jemand aus dem Binnenland schon etwas Besonderes, über Meeresboden zu gehen, der auch teilweise alter Kulturboden ist: Besonders im nordfriesischen Bereich des Watts kann man immer wieder Spuren alter Siedlungen, die der "Blanke Hans" verschlungen hat, entdecken. Das Gedicht von der sagenhaften Stadt Rungholt, die vor einigen hundert Jahren unterging, ist dem einen oder anderen vielleicht noch geläufig. Überhaupt ist das Watt eine einzigartige Spurensammlung des Jahrtausende alten Geschehens im Meer: Durch den steten Wechsel von Ebbe und Flut haben sich hier leichtere Bestandteile wie Ton, Mineralien und die Reste der Meerestier- und Pflanzenwelt abgelagert. Es bildete sich so Schicht auf Schicht ein äußerst fruchtbarer Wattboden, von dessen Nahrungsreichtum viele Tier- und Pflanzenarten profitieren.

Den extremen Verhältnissen im Lebensraum zwischen Meer und Land konnten sich nur wenige Pflanzen- und Tierarten anpassen. Diese kommen aber in zum Teil unvorstellbar großen Mengen vor: Von den mikroskopisch kleinen *Kieselalgen* leben oft über 1 Million auf einem Quadratzentimeter. Sie sind als brauner Überzug auf dem Wattboden erkennbar. Die Kieselalgen sind von großer Bedeutung, da sie Sauerstoff produzieren und eine wichtige Nahrungsgrundlage vieler Lebewesen im Watt darstellen.

Die *Wattschnecke* weidet Algen und Bakterien vom Wattboden ab. Sie ist winzig (ca. 6 mm) und es leben bis zu 100.000 Tiere auf einem Quadratmeter. Sie bevorzugt das Schlickwatt, das in ruhigen, strömungsarmen Zonen durch Ablagerung feiner Schlickteilchen und Schwebstoffe entsteht. Im Schlickwatt lebt ebenfalls die 2 cm große *Strandschnecke*, die wir aber auch häufig an Steinkanten und Buhnen finden.

Die *Miesmuscheln* leben im Gegensatz zu anderen Muscheln nicht eingegraben, sondern auf dem Boden. Sie bevorzugen das relativ feste Sandwatt, das durch gröbere Sandkörnchen gebildet wird. Mit Hilfe von "Byssusfäden" heften sie sich zu großen Verbänden (Muschelbänken) aneinander und verhindern so, daß sie fortgespült werden.

Ebenfalls im Sandwatt treffen wir die kunstvoll aus einzelnen Sandkörnchen zusammengeklebte Wohnröhre des *Bäumchenröhrenwurms*. Man sieht meist nur den kleineren oberen Teil der Röhre, der aus dem Wattboden herausschaut; der Wurm selbst verweilt während der Trockenphase im tiefen, geschützten Bereich seiner Röhre. Am auffälligsten bei einem Spaziergang im Watt sind wohl die Kothäufchen des *Pierwurmes*, der sich in seinem bis zu 25 cm tiefen Wohnbau von den im Sand enthaltenen Nahrungspartikeln ernährt.

Das Wattenmeer erstreckt sich von Den Helder in Holland bis nach Esbjerg in Dänemark. Etwa 60% dieses ökologisch so bedeutsamen und einmaligen Lebensraumes liegen im Küstenbereich der Bundesrepublik Deutschland. *Neben dem Hochgebirge ist das Wattenmeer die einzige weitgehend natürlich belassene Großlandschaft Mitteleuropas.*

Außerdem ist das Wattenmeer für die gesamte Nordsee lebenswichtig. *Hier befindet sich die Kinderstube vieler Nordseefische*, und es wird Nahrung für Tierarten aus der gesamten Nordsee produziert. Das Wattenmeer ist Brut-, Mauser- und Rastgebiet für einen großen Teil der Wat- und Wasservögel auf der nördlichen Halbkugel und ist für Seehunde ebenfalls lebenswichtig, denn nur hier finden sie die für Paarung, Geburt und Aufzucht der Jungen notwendigen Sandbänke und ein entsprechendes Nahrungsangebot.

Die Naturmechanismen, die das Watt entstehen ließen, sind aber heute auch Grund für die immer stärkere Bedrohung dieses Lebensraumes: Inzwischen lagern sich nicht nur die Reste von tierischen und pflanzlichen Lebewesen im Watt ab, sondern auch viele Schadstoffe, die der Mensch produziert. Dabei wirkt das Watt wie eine riesige Kläranlage, in der sich die Giftstoffe immer stärker ansammeln, und es entsteht die Gefahr, daß das Watt "umkippt", d.h., daß der vom Menschen produzierte Müll die Oberhand über das natürliche Leben im Watt gewinnt.

Für den Fremden kann das Watt sehr tückisch sein: Aufkommende Flut läßt kleine Priele zu nicht mehr durchschreitbaren Strömen anschwellen. In einigen Bereichen ist die Schlickablagerung auch so hoch, daß man darin versinken kann. Deshalb sollte man eine Wattwanderung nur mit einem kundigen Wattführer antreten. Die Wanderungen dauern etwa 2 $^1/_2$ bis 3 Stunden, und man legt zwischen 3 und

5 km zurück.

Im übrigen gelten für eine Wattbegehung folgende Regeln: Gehen Sie nie allein ins offene Watt und nie ohne Uhr und Kenntnis der Niedrigwasserzeit. Treten Sie niemals bei auflaufendem Wasser (Flut) eine Wattwanderung an. Günstiger Start: ca. 2 Stunden vor Niedrigwasser. Berechnen Sie die Zeit für den Rückweg, bevor Sie loswandern. Priele laufen bei Flut zuerst voll und haben starke Strömungen. Lassen Sie nach Niedrigwasser keinen Priel zwischen sich und dem Festland (der Insel, der Hallig), sondern verlassen Sie das Watt unverzüglich. An Abmeldung und Rückmeldung bei Vermietern, Strandkorbnachbarn usw. denken! Unbedingt Warnungen der Einheimischen beachten. Wattwanderungen nur am Tage bei ruhigem Wetter und guten Sichtverhältnissen durchführen. Gehen Sie auf keinen Fall bei Dunkelheit, Dämmerung, Sturm, Nebel oder Gewittergefahr ins Watt. Der Aufenthalt ist lebensgefährlich! Wählen Sie geeignete Kleidung wegen der Gefahr von Sonnenbrand, Sonnenstich und Auskühlung bei starkem Wind. Das Baden in Wattprielen und von Sandbänken aus ist wegen der oft starken Strömung gefährlich.

H. Aswat

Interessant zu jeder Jahreszeit - Vögel auf Borkum

Wattinseln sind Vogelinseln - das gilt ganz besonders für Borkum: Auf den 36 Inselqkm wurden bisher ca. 100 Brutvogelarten festgestellt, und Fachleute gehen davon aus, daß von den insgesamt 250 deutschen Brutvögeln fast jede Vogelart hier einmal als Brut-, Zug- oder Irrvogel anzutreffen ist. Ursache für diesen "Touristikverkehr besonderer Art" ist einmal die Lage der Insel an einer der großen Vogelzugrouten. Festlandnah, und doch am Rande des Hochseebereiches, bietet sich Borkum Zugvögeln als erste nahrungsreiche Station vor dem Festland an. Hinzu kommt, daß die vielfältige Topographie und Vegetation der Insel vielen Vogelarten ungestörten Lebensraum bietet, so daß eigentlich alle Festlandvögel auch auf der Insel zu finden sind und die typischen See- und Strandvögel dazukommen.

Wenn Sie an einem sonnigen Frühlingsmorgen gewissermaßen selbst als "halber Vogel" im Tüskendör-Gebiet einfliegen und nach Verlassen des Flugplatzgeländes einen Spaziergang in Richtung Seedeich machen, dann wird dieser Reichtum akustisch und auch visuell sehr deutlich: Es fliegt, hüpft, trillert und tschilpt, so daß die Luft voller Klänge und Schreie ist.

Im *Dünen- und Strandbereich* und natürlich auch schon auf der Fahrt zur Insel begegnen uns *Silbermöwen*, aber auch die kleineren *Sturmmöwen* und die zierlichen *Lachmöwen*. Die meisten Entenarten von der *Eiderente* über die *Brandente* bis zu den *Schell-, Reiher-, Tafel-, Berg-* und *Trauerenten* sind ebenso zu finden wie die verschiedenen Arten der Strandläufer: *Sanderlinge, Alpenstrandläufer, Steinwälzer, Meerstrandläufer, Zwergstrandläufer,* aber auch

Kolbenente

der *Sand-* oder der *Seeregenpfeifer* sind am Strand zu entdecken.

In den der *Außenweiden und Wiesen* (z.B. Tüskendörgebiet) finden wir viele *Austernfischer* mit rotem Schnabel und schwarzem Kopf. Auch *Schwalben* sind hier zu Hause. Selbst *Brand-* und *Trauerseeschwalben* können hier hin und wieder beobachtet werden. Ansonsten findet man besonders zur Hauptbrutzeit Tausende von Watvögeln: *Säbelschnäbler, Rotschenkel*, hin und wieder sogar einen *Kiebitzregenpfeifer*, verschiedene *Rallenarten*, *große Brachvögel*. Beobachtungen im Tüskendör- und Außendeichbereich kann man mit einem guten Fernglas direkt vom Deich aus machen. Hier hat man einen guten Überblick und stört am wenigsten.

In den *Feuchtgebieten* leben *Bekassinen, Bles-, Teich- und Wasserrallen*, hin und wieder eine *Sumpfohreule* und *Uferschnepfen*. Aber auch typische *Wald- und Greifvögel* sind nicht selten: *Waldohreule, Turmfalke, Korn-, Rohr- und Wiesenweihe* kann man ebenso finden wie den *Mäusebussard* und den *Rauhfußbussard*.

In *Gärten, Dickichten und Gehegen* findet man alle Singvögel, die auch vom Festland her bekannt sind. Selbst der *Pirol* und die *Nachtigall* wurden in der "Greunen Stee" schon gehört, wenn auch bisher keine Gelege festgestellt wurden.

Für einige der genannten Gebiete gelten *Betretungsverbote*. Es werden aber Führungen und Vorträge durch einheimische Fachleute über das Jahr verteilt angeboten. Näheres erfahren Sie bei der Kurverwaltung oder auf dem Nationalparkschiff.

H. Aswat

Von Tonnen, Türmen und Feuerschiffen – Seezeichen und Seenotrettung

Die Schiffahrt durchs Watt ist von altersher nicht ungefährlich. Schon auf der Anfahrt von Emden sehen wir zu beiden Seiten des Fahrwassers *Tonnen*, die von See kommend steuerbord (rechts) grün und backbord (links) rot zeigen. Meist handelt es sich um *Spierentonnen und auch Leuchttonnen*, so daß man auch im Dunkeln und bei Nebel den Weg findet. Bei der Anfahrt nach Borkum grüßt uns der *Leuchtturm* an der *Fischerbalje*, der ebenfalls ein Seezeichen für die Borkumschiffahrt ist. Wenn wir eine echte Wattschiffahrt, z.B. nach Juist, machen, dann sehen wir zu beiden Seiten des Fahrwassers auch noch die sogenannten *Prikken*, das sind Reisigbesen, deren langer Stiel im Watt eingespült ist und so das Fahrwasser markiert.

Auf Borkum kann man die Entwicklung des Seezeichenwesens besonders gut verfolgen: Da sind zunächst die *Kaaps*, von denen es noch zwei (das kleine und das große) auf Borkum gibt. Beide wurden 1872 gebaut. Früher gab es drei solche Kaaps, die bereits im Mittelalter von Emder Kaufleuten errichtet wurden. Es sind Peilzeichen, mit deren Hilfe der Seemann auf dem Wasser seine Fahrtrichtung bestimmen konnte. Als das nicht mehr reichte, baute man den *Alten Leuchtturm*. Praktisch wie man

Die wichtigsten Knoten und Steke

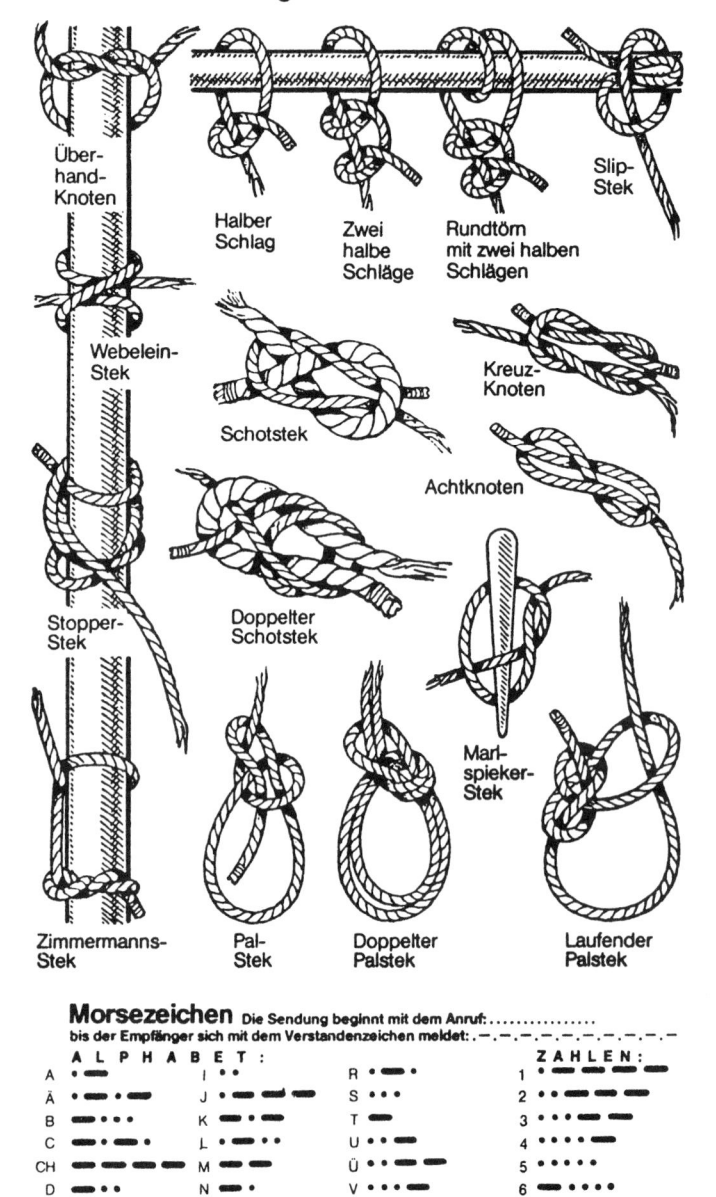

- Überhand-Knoten
- Halber Schlag
- Zwei halbe Schläge
- Rundtörn mit zwei halben Schlägen
- Slip-Stek
- Webeleinstek
- Schotstek
- Kreuz-Knoten
- Stopper-Stek
- Doppelter Schotstek
- Achtknoten
- Marlspieker-Stek
- Zimmermanns-Stek
- Pal-Stek
- Doppelter Palstek
- Laufender Palstek

Morsezeichen
Die Sendung beginnt mit dem Anruf: ....
bis der Empfänger sich mit dem Verstandenzeichen meldet: .–.–.–.–.–.–.–.–.–.

ALPHABET:

A	•−	I	••	R	•−•
Ä	•−•−	J	•−−−	S	•••
B	−•••	K	−•−	T	−
C	−•−•	L	•−••	U	••−
CH	−−−−	M	−−	Ü	••−−
D	−••	N	−•	V	•••−
E	•	O	−−−	W	•−−
F	••−•	Ö	−−−•	X	−••−
G	−−•	P	•−−•	Y	−•−−
H	••••	Q	−−•−	Z	−−••

ZAHLEN:

1	•−−−−
2	••−−−
3	•••−−
4	••••−
5	•••••
6	−••••
7	−−•••
8	−−−••
9	−−−−•
0	−−−−−

Abb. mit freundlicher Genehmigung der Deutschen Gesellschaft zur Rettung Schiffbrüchiger, Bremen war, benutzte man ihn zugleich als Kirchturm, indem man eine Kirche, die heute verschwunden ist, dazusetzte. Der alte Kirchhof allerdings mit dem etwas gruseligen Walfängergrab mit Totenkopf ist noch zu sehen. Übrigens wurde der alte Leuchtturm aus etwa 20.000 Ziegeln errichtet, die ursprünglich für den Bau des Emder Rathauses vorgesehen waren. Dort wurden sie überflüssig, weil sich die reiche Stadt entschloß, die Fassade aus dem wesentlich vornehmeren Sandstein errichten zu lassen. Der Turm wurde 150 Fuß hoch gebaut ,und seine vier Seiten zeigen genau in die vier Himmelsrichtungen.

Im Zuge der Entwicklung der Schiffahrt und der technischen Möglichkeiten beschloß man im vergangenen Jahrhundert, den alten durch den *Neuen Leuchtturm* zu ersetzen. 1879 wurde er in Funktion genommen. 64 m hoch ist er, und seine 1.500-Wattlampe sendet eine Betriebslichtstärke von ca. 1,6 Mio. Kerzen aus. Die ausgesandten Lichtsignale haben eine Reichweite von 45 km. Wenn er irgendwo auf See Leuchtturmblitze von abwechselnd drei und neun Sekunden Länge aufblitzen sieht, weiß er, daß er das *Kennfeuer* des Borkumer Leuchtturms im Visier hat und kann sich entsprechend danach richten. Auf den anderen Inseln stehen ähnliche Leuchttürme, die aber in einem anderen Rhythmus, d.h., mit einem anderen Kennfeuer blitzen. Um die Schiffahrt noch sicherer zu machen, wurde dann 1888/89 der rot-weiße *Leuchtturm am Südstrand* errichtet, der mit einer 1 000-Wattlampe eine Lichtstärke von ca. 50.700 Kerzen und eine gebündelte Tragweite von über 25 km erreicht. Dieser Turm sendet ein *Sektorenlicht*, ein sogenanntes *Leitfeuer*, aus und wird daher auch *Lotsenleuchtturm* genannt. Seine gebündelten Lichtstrahlen leuchten einerseits in das Hubertgatt und andererseits in die Westerems. Mit diesen beiden Strahlen lotst er die Schiffe in die Mündung der Westerems hinein und wieder heraus. Die Borkumer nennen ihn bis heute den *"Elektrischen Leuchtturm"*, weil er von Inbetriebnahme im Jahre 1889 an elektrisch befeuert wurde, während damals der ältere "Neue Leuchtturm" noch mit Petroleum betrieben wurde.

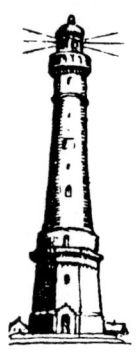

Eine Besonderheit ist das *Feuerschiff "Borkum Riff"*, das seit 1989 im Borkumer Hafen liegt. Derartige "schwimmende Leuchttürme" wurden etwa seit Mitte des vergangenen Jahrhunderts als internationale Seezeichen eingesetzt, bis sie durch die Radarketten überflüssig wurden. Die "Borkum Riff" beendete als letztes deutsches Feuerschiff ihren Dienst erst im Jahre 1988. Sie wurde 1956 als letzter deutscher Feuerschiffneubau auf der Hamburger Norderwerft fertiggestellt. Auf dem 53,7 m langen Schiff versahen früher 2 x 13 Mann im 14-tägigen Wechsel den Dienst. Auf einem Vorgängerschiff wurde übrigens am 15. Mai 1890 die erste Küstenfunkstelle der Welt in Betrieb genommen.

Am 19. Mai 1989 wurde das ehemalige Feuerschiff als *Nationalparkschiff* von einem Förderverein wieder in Betrieb genommen. Es ist jetzt das erste schwimmende Informationszentrum für den Nationalpark und zugleich Küstenfunk- und Schiffsmuseum. Aber wenn es ernst wird um den Umweltschutz in der Nordsee, dann ist auch wieder eine vollständige Besatzung aus Borkumer Bürgern an Deck, und das voll funktionsfähige

Schiff steuert neuen Einsatzorten entgegen. Wenn die "Borkum Riff" früher der Schiffahrt den schwierigen und gefährlichen Weg durch den "Friedhof der Schiffe" vorbei an den Ostfriesischen Inseln in die Emsmündung oder die Deutsche Bucht wies, so versuchen Besatzung und Trägerverein heute, den sicherlich nicht leichteren Weg zu einer sauberen intakten Nordsee aufzuzeigen.

In der Nähe des Lotsenleuchtturms steht ein *Richtfunkmast*. Er ist Zeichen für die modernste Entwicklung im Seezeichenwesen: Heute sind an allen vielbefahrenen Küsten der Welt sogenannte *Radarketten* eingerichtet, die Schiffe mit entsprechender Ausrüstung direkt auf den richtigen Weg "lotsen". Für die Emsmündung steht die Zentrale der Radarkette auf der "Knock" in der Nähe von Emden. Der Borkumer Richtfunkmast ist Teil dieser Kette.

Trotz all der vielen Vorkehrungen zur Sicherung der Schiffahrtswege kam es im Laufe der Jahrhunderte immer wieder zu Schiffsunglücken. Für die Insulaner war das früher ein willkommener Anlaß, den "Segen des Meeres" in die eigene Tasche zu lenken. Damit der Himmel gnädig gesinnt war, bekam der Pastor auf Borkum immer den doppelten Anteil vom Strandraub, damit er nur ja kräftig betete. Da Schiffbrüchige eventuelle Besitzansprüche anmelden konnten, ging man mit ihnen nicht allzu zimperlich um.

Die rauhen Zeiten des Strandraubs sind vergangen. Schiffbrüche und Seenot sind trotz aller modernen Technik geblieben. Auf Borkum existiert eine *Rettungsstation* bereits seit 1862, die der *Deutschen Gesellschaft zur Rettung Schiffbrüchiger* angehört, die aber erst 1865 gegründet wurde. Rund 2.500 Menschen wurden von der Rettungsmannschaft dieser Station seit Bestehen gerettet. Heute sorgt die *"Alfried Krupp"*, der zur Zeit neueste und modernste Seenotkreuzer der DGzRS mit ihrer Mannschaft dafür, daß diese gute humanitäre Tradition weitergeführt wird und Menschenhilfe auch dort noch gewährt werden kann, wo die Technik versagt. Übrigens ist die Deutsche Gesellschaft zur Rettung Schiffbrüchiger seit ihrer Gründung ein privater Verein geblieben, der von Spenden lebt. Und wenn Sie irgendwo, z.B. in einer Gaststätte, eins der kleinen Sammelschiffe entdecken, werfen Sie auch mal ein Markstück oder mehr hinein.

H. Aswat

Rundblick - Besuchshinweise für Emden, Juist, Norderney, Groningen, Greetsiel

Eigentlich bietet Borkum so viel Erlebens- und Sehenswertes, daß dafür ein Urlaub gar nicht ausreicht. Trotzdem bekommt man manchmal Lust, ein wenig über den eigenen Strand hinauszuschauen. Für Leute mit "Inselkoller" haben wir vier Ausflugsvorschläge zu machen, von denen sich zwei auch auf der Hin- und Rückreise einbauen lassen.

Goldenes Emden

"So reich wie Emden" war in Emdens goldener Zeit im 16. Jahrhundert eine in Europa geläufige Metapher für unvorstellbaren Reichtum. Geblieben ist von diesem Reichtum nicht allzu viel, und auch die Zeugen vergangenen Reichtums, die prächtige und pittoreske Altstadt, das Rathaus und die Kirchen wurden zum großen Teil am Ende des Zweiten Weltkrieges zerstört. Geblieben ist die Erinnerung an eine große Geschichte und eine jahrhundertealte Tradition der Toleranz: In der Zeit der Reformation wird Emden Zufluchtsort, insbesondere für Taufgesinnte und Calvinisten aus den Niederlanden. Die "Grote Kerk" in Emden wird zur "Moederkerk" der niederländischen Kirche im Exil, und die "Neubürger" sorgen für den wirtschaftlichen Aufschwung der Stadt, so daß Emden eine Zeit lang für den Handel wichtiger als Amsterdam wird. Auch Juden kommen in dieser Zeit nach Emden und werden in den kommenden Jahrhunderten einen ganzen Stadtteil, Faldern, unverwechselbar prägen. Einer ihrer großen Theologen nennt sich nach seiner Heimatstadt Jacob Emden. In Emden allerdings erinnert man sich kaum noch an ihn. 1933 war es mit der Toleranz, die noch 1848 den Diakon der taufgesinnten Mennonitengemeinde und Emder Reeder Ysaac Brons als Abgeordneten der Stadt in die Deutsche Nationalversammlung sandte, zu Ende: Am 1.4.1940 meldete sich Emden judenfrei. Damit war die größte jüdische Gemeinschaft in Ostfriesland und ihre jahrhundertealte Tradition buchstäblich ausgelöscht.

Das goldene Emden heute aufzuspüren, ist schwierig geworden. Nachdem die Luftangriffe des 2. Weltkriegs fast alles ausradiert hatten, was Emden einmal so sehenswert machte, zwang die Not der Nachkriegszeit zu schnellem Aufbau auf altem Grundriß. Flete und Kanäle, die über Jahrhunderte das Stadtbild geprägt hatten, wurden mit Bauschutt zugekippt. Die relativ anonyme Backsteinarchitektur einer mittleren Arbeitsstadt entstand. Lediglich anstelle des herrlichen Renaissance-Rathauses bemühte man sich zumindest eine "architektonische Ahnung" alten Glanzes wieder auferstehen zu lassen. Heute ist Emden mit 50.000 Einwohnern die *größte Stadt Ostfrieslands* und übt entsprechende *Zentralfunktionen* aus. Außerdem ist da der *Hafen* mit Werftindustrie und einem *VW-Werk*.

Aber man kann das alte Emden in einigen Spuren noch entdecken, wenn man sich ein wenig umschaut. So in der wiederaufgebauten *"Groten Kerk"* mit ihrer Fürstengruft, in drei schönen *Renaissancefassaden* in der Pelzer- und Lilienstraße, in der 1648 fertiggestellten *Neuen Kirche*, in Straßenfassaden der Friedrich-Ebert-Straße zwischen der Neuen Kirche und dem Herrentor, auf dem *jüdischen Friedhof* im alten Faldern und natürlich am *Ratsdelft* mit dem *Rathaus*. Im Rathaus befindet sich das sehr sehenswerte *Ostfriesische Landesmuseum* mit der *Emder Rüstkammer*: Schöne alte niederländische Gemälde, kostbares Silber, eine Waffenkammer, die in Europa ihresgleichen sucht. Vom *Rathausturm* hat man dann einen guten Blick über die grachtendurchzogene alte Stadt, die auch in ihrem Grundriß noch ein Stück Erinnerung an vergangene Herrlichkeit bewahrt.

Neue Schätze haben Emden inzwischen allerdings auch neuen Ruhm gebracht: Die *Kunsthalle in Emden* der Stiftung Henry Nannen ist inzwischen ein "Muß" für Anhänger der bildenden Kunst des 20. Jahrhunderts. Der *Deutsche Expressionismus* mit Vertretern der Künstlergemeinschaften *"Brücke"* und *"Blauer Reiter"* bilden einen der Sammlungsschwerpunkte. *Ernst Ludwig Kirchner, Erich Häckel, Karl Schmidt-Rottluff, Max Pechstein, Alexej von Jawlensky, Gabriele Münter, Franz Marc, August Macke* sind ebenso vertreten wie *Paula Modersohn-Becker, Christian Rohlfs* und *Emil Nolde*.

Künstler wie *Hanns Ludwig Katz, Carl Hofer, Josef Schal, Alexander Kanoldt* und *Franz Ratziwill* bilden einen weiteren Sammlungsschwerpunkt. In einem dritten Schwerpunkt wird der Stilpluralismus der 80-er Jahre u.a. auch mit Bildern *zeitgenössischer russischer Künstler* repräsentiert. Ein Skulpturenhof mit Werken u.a. von *Kolbe, Marcks, Kasper* und *Seitz* bildet einen reizvollen Kontrast in der offenen Architektur der eigens für die Sammlung gebauten Kunsthalle, die selbst und in ihrer Einbindung in die Stadtlandschaft ein Kunstwerk ist. Hier wird Kunst erlebt, in der Cafeteria (hoffentlich) diskutiert und in der angeschlossenen Malschule von Kindern zwischen 3 und 16 Jahren praktiziert.

Eine Besonderheit stellt auch die *Johannes a Lasco-Bibliothek* dar. Sie ist in der wiederaufgebauten "Groten Kerk" untergebracht und erinnert in ihrem Namen an den aus Polen stammenden, reformierten Theologen und Humanisten Johannes a Lasco, der viele Jahre an eben dieser Kirche als Pfarrer und Superintendent wirkte. Es handelt sich um die älteste Bibliothek Ostfrieslands, die 1559 in der reformierten Gemeinde unter Mitwirkung des damaligen ostfriesischen Herrscherhauses begründet wurde. Neben teilweise sehr seltenen Erstausgaben aus der reformatorischen Literatur des 16. und 17. Jahrhunderts, findet man Einzelbände aus der Handbibliothek des Erasmus von Rotterdam, historischen Karten und vieles andere.

Erlebenswert in Emden ist auch eine *Hafenrundfahrt* oder eine *Besichtigung des VW-Werks*. Im Ratsdelft entwickelt sich ein kleiner *Museumshafen* mit dem *Feuerschiff "Amrumbank"* und dem *Seenotrettungskreuzer "Georg Breusing"*, die beide besichtigt werden können. Etwas seitlich vom eigentlichen Stadtzentrum steht *"De Vrouw Johanna"*, ein dreistöckiger Galerieholländer, der noch mit Wind mahlt. Nicht weit südlich davon, und durch einen hübschen Spaziergang im Grünen über die Wallanlagen leicht zu erreichen, liegt Europas einzige *Rundkammerschleuse* in idyllischer Umgebung.

Neben dem Bürgersohn Nannen hat auch der Arbeiterjunge *Waalkes*, geboren im Arbeiterviertel Transvaal, unter seinem Vornamen Otto als Künder hinterhältigen ostfriesischen Witzes den Deutschen bekannt, seine Stiftung errichtet. *"Dat Otto Huus"*, eine Mischung aus Souvenirladen und Museumskarikatur, befindet sich in exquisiter Lage schräg gegenüber dem Rathaus, und in Transvaal, da, wo der kleine Otto spielte, steht "Unner de Boomen" die Skulptur der *"küssenden Ottifanten"*.

Inselfahrt nach Juist

Eine Schiffahrt nach Juist sollte zum Urlaubsprogramm gehören. Es ist eine echte Wattfahrt, und man erlebt die Schwierigkeiten der Wattschiffahrt "hautnah", wenn eventuell am höchsten zu durchfahrenden Wattpunkt plötzlich das Schiff deutlich hörbar den Meeresboden berührt. Die Fahrt wird in der Saison ständig von Borkum aus angeboten. Der Aufenthalt auf Juist richtet sich nach den Tideverhältnissen und muß jeweils erfragt werden.

Juist ist bekannt als die schmalste der Ostfriesischen Inseln. An der engsten Stelle ist sie nur 500 m breit. Der durchgehende Sandstrand ist dafür 17 km lang. Außerdem behielt die Insel als Erinnerung an eine Flutkatastrophe das *Schutzgebiet des Hammersees* mit seltenen Vogel- und Pflanzenarten sowie das anschließende *Schutzgebiet Bill* mit einem sehr schönen Waldgebiet. Der Hammersee ist übrigens der einzige Süßwassersee auf den Ostfriesischen Inseln.

Nicht versäumen sollte man den Besuch des *Küstenmuseums*, das in seinen Anfängen von Dr. Arend Lang, einem Kenner des deutschen Küstenraums, eingerichtet wurde. Aufgegliedert in die Abteilungen Frühgeschichte der deutschen Nordseeküste, naturkundliche Abteilung, Seezeichen, Seenot-Strandung-Rettung, volkskundliche Abteilung, bietet es sehr viel Anschauungsmaterial zum Leben auf den Inseln in alter und neuer Zeit und zur Geschichte und Bedrohung dieses Raumes.

Der Ort selbst zeichnet sich durch eine niedrige, dorfähnliche Silhouette aus. In den Geschäften gibt es manches Interessante zu erstehen. Außerdem haben sich *alte Handwerke* neu auf Juist niedergelassen, und die Weber, Töpfer und Instrumentenbauer bieten nicht nur ihre Produkte an, sondern man kann ihnen teilweise auch bei der Arbeit über die Schulter schauen. Ein Meerwasserwellenbad ist natürlich auch vorhanden.

Norderney - Die Stattliche

Eine Fahrt nach Norderney lohnt sich schon, um die unterschiedliche Natur der einzelnen ostfriesischen Inseln miteinander zu vergleichen: Während das "Töwerland" Juist für seine Liebhaber wirklich ein "Zauberland" zum Träumen und Sichverlieren ist, bietet Borkum mehr handfesten, bodenständigen Urlaub, und Norderney hat sich einen Hauch von Fin de siècle bewahrt.

Mit Norderney erschienen die Ostfriesischen Inseln im Kreis der deutschen Heilbäder. *Niedersächsisches Staatsbad, Deutschlands erstes Nordseeheilbad, Badetradition seit fast 200 Jahren* - das verpflichtet und prägt bis heute Insel und Stadt. Das Kurzentrum im Westen stammt in seinem Kern noch aus königlich-hannoverscher Zeit. Es war einst Sommerresidenz der Hannoverschen Könige.

Aber man ist bei seiner eigenen Geschichte nicht stehengeblieben, sondern hat Kur- und Erholungseinrichtungen den Erfordernissen und Erkenntnissen heutiger Klimatherapie angepaßt. Einige Klinkerstraßen aus biedermeierlicher Pferdekutschenzeit münden in neuzeitliche Umgehungssysteme. Ein gut ausgebauter Hafen kann auch die großen Touristenströme des Sommers bewältigen.

Norderney ist langgestreckt. Aufspülungen und Anlandungen haben der Insel jedoch eine wesentlich kompaktere Gestalt gegeben als ihrer Schwester Juist. Im Westen, Norden und in Teilbereichen auch im Süden wird die Insel durch Schutzanlagen vor der Gewalt des Meeres verteidigt. Auf ihnen verlaufen die über *7 km langen Strandpromenaden*.

Seine besondere Note hat Norderney durch das *festivalähnliche Programm*, das in der Saison geboten wird. Symphonieorchester von internationalem Rang gastieren, Stars und Starlets werden umjubelt, und die Säle des Kurhauses (Haus der Insel) sowie die Bühne des reizvollen Kurtheaters bieten anspruchsvolle und abwechslungsreiche Programme. Der

Norderney-Besucher will das so seit den Zeiten der Eckermann und Heine, der von Bismarck und Fontane, der von Bülow und Stresemann - man beruft sich gerne auf diese Zeiten auf Norderney.

Sehens- und erlebenswert ist ein Bummel durch die Innenstadt mit sehr reizvollen und teilweise auch ausgefallenen Geschäften. Hier ist Norderney sicherlich eine "Klasse für sich". Das ehemalige *königliche Hoftheater* wurde 1977 liebevoll restauriert und bietet in der Saison regelmäßig Vorstellungen der Landesbühne Nord. Im *großen Konzertsaal* des angeschlossenen Hauses der Insel gastieren im Sommer regelmäßig Symphonieorchester. Alle diese Veranstaltungen kann man auch besuchen, ohne auf der Insel zu übernachten: Die letzte Fähre nach Norddeich startet um 23.00 Uhr und ist vor Mitternacht am Festland.

Im Argonner Wäldchen befindet sich das *Fischerhausmuseum*. Der originalgetreue Nachbau eines Norderneyer Fischerhauses, das bis in die 30er Jahre an anderer Stelle auf der Insel stand, lädt zum Betrachten und Stöbern ein: Es handelt sich um ein sogenanntes Sippenhaus, d.h., die Eltern zogen bei der Heirat der Kinder aus dem "Jungteil" ganz wörtlich auf das "Altenteil". Das Haus ist in seinen Funktionen wieder so eingerichtet worden, wie es ursprünglich einmal genutzt wurde, und zeigt viele schöne alte Einrichtungsgegenstände und Mitbringsel der Fahrensleute aus dem 18. und 19. Jahrhundert. Daneben gibt es eine Dokumentation über die Norderneyer Angelfischerei und andere seemännische Traditionen der Insel.

Groningen - Hauptstadt einer Provinz

Groningen ist eine alte Stadt und mit *gut 160 000 Einwohnern* heute *Hauptstadt* der gleichnamigen Provinz. Auf dem von großen *mittelalterlichen Bürgerhäusern* begrenzten *Groten Markt*, der vom *klassizistischen Rathuis* und der dahinter liegenden *Martinikerk* abgeschlossen wird, kann man auch heute noch *holländischen Markt* in aller Fülle und allem Farbenreichtum erleben. Die Stadt bietet darüber hinaus viele *Einkaufsmöglichkeiten*.

Von Borkum fährt man normalerweise mit dem Schiff zunächst nach *Eemshaven*. Seit Jahrhunderten kaum verändert ist das nahegelegene *Appingedam*, das man unbedingt auf dem Weg nach Groningen einmal durchschlendern sollte.

Die Groninger Landschaft ist bekannt als das Land der kleinen Dorfkirchen, und es lohnt sich, Abstecher in diese teilweise noch recht bewahrte bäuerliche Landschaft zu machen. Auf dem Weg nach Groningen finden Sie schöne Dorfkirchen unter anderem in *Loppersum* und in *Stedum*. Nicht weit von Groningen gelegen ist *Middelstum*, ein kleiner Ort mit 2 800 Einwohnern. In der Gemeinde liegen einige Burgen mit zugänglichen Parks.

Zum „schönsten Hafen Ostfrieslands"

Hin und wieder werden von Borkum aus auch Fahrten nach Greetsiel angeboten. Da Schönheit ja auch immer eine Geschmacksfrage ist, gibt es inzwischen Ästheten, die Greetsiel als „zu schön um schön zu sein" empfinden. Auf jeden Fall ist der Kutterhafen von Greetsiel aber der am meisten fotografierte in der Region.

Interessant ist die Entstehungsgeschichte des kleinen Fischerdorfes. Es entstand nachdem die Marcellusflut 1362 die Leybucht als großen Happen aus dem Festland herausgebissen hatte, und die Friesenhäuptlinge der Cirksenas entdeckten, daß sich das entstandene, für Fremde kaum befahrbare Wattenmeer der neuen Bucht strategisch ausgezeichnet als Rückzugsort eignete: Einerseits hatte man durch das Leytief den freien Zugang zum Meer, andererseits konnte der Ort vom Meer her nur bei günstigen Flutverhältnissen und auch dann nur von ortskundigen Seefahrern erreicht werden. Die Cirksenas gründeten in Greetsiel ihre Burg und somit wurde Greetsiel Wiege des bedeutendsten ostfriesischen Fürstengeschlechts, das später die Geschicke des Landes über mehrere Jahrhunderte bestimmte. Ein weiterer berühmter Bürger Greetsiels war Ubbo Emmius (1547-1625) Gründer der Universität Groningen und größter ostfriesischer Historiker. Er wurde in einem Haus am heutigen Marktplatz geboren.

Von der Burg der Cirksenas ist nichts mehr zu sehen. Friedrich der Große ließ sie 1778 zur Vorsicht schleifen, nachdem durch Erbfolge Ostfriesland preußisch geworden war. Steine aus der alten Burg sind für das hübsche *Sieltor am Hafen* verwendet worden. Die *reformierte Kirche* stammt aus dem 15. Jahrhundert. Neben dem Hafen selbst sind die *Häuser (18. Jh) am alten Siel* besonders sehenswert. Daneben gibt es zwei *hübsche Zwillingsmühlen* unmittelbar am Sieltief. Eine der beiden „Greetches" ist noch funktionsfähig und kann besichtigt werden.

Seit 1991 ist das Leytief durch ein Sielbauwerk tiedeunabhängig geworden, so daß die Kutter im Hafen bei Ebbe nicht mehr trockenfallen.

Wenn man mit einem Ausflugsdampfer von Borkum kommt, sollte man nach Besichtigung des Ortes vielleicht einen Spaziergang über den Störtebeckerdeich nach *Leybuchtpolder* machen. Die Leybucht stellt mit ihrem Feuchtgebiet ein einzigartiges ökologisches System dar. Hier gibt es Pflanzen und Tiere, die sonst nirgendwo auf der Welt vorkommen. Alternativ kann man über die Landstraße zum etwa 3 km entfernten *Pilsum* wandern. Hier steht eine kreuzförmige romano-gotische Kirche, bei der der Turm über den Schnittpunkt von Längs- und Querhaus steht. Sie ist architektonisch nicht nur in der Region eine Besonderheit. Vergleichbares findet man erst wieder im Rheinischen etwa in Schwarzrheindorf bei Bonn. Die Kirche war über Jahrhunderte Seezeichen und vielleicht haben Sie sie bereits bei der Anfahrt nach Borkum von weitem gesehen.

Wer den Ausflug nach Greetsiel vom Festland kommend mit dem Auto macht, sollte sich unbedingt anschließend auch nach *Marienhafe* begeben, dem alten Häuptlingsdorf der tom Broks. Der Ort ist älter als Greetsiel, etwa im 11. und 12. Jahrhundert als Kolonistenzentrum des Brookmerlandes entstanden. Berühmt ist die Kirche aus dem 13. Jahrhundert, ursprünglich die größte Ostfrieslands auch als "Marienhafer Dom" bezeichnet. Der Turm der Kirche soll im 14. Jahrhundert Klaus Störtebeker als Ausguck und Piratennest gedient haben. Auf jeden Fall lohnt sich der Blick vom Turm über das Brookmerland: Das später so genannte Störtebekertief, das die Friesenhäuptlinge und ihr Schützling als Zugang zur See benutzten ist heute nur noch zu ahnen. Der ganze Ort hat den Charakter eines Bauerndorfes angenommen. Man kommt kaum auf die Idee, daß hier einmal ein lebhafter Hafen bestanden hat, in dem die Seeräuber ihre Schätze aus- und umluden. Im Turmaufgang ist ein kleines Museum eingerichtet, das u.a. die ursprüngliche Größe der Kirche dokumentiert und weitere Auskünfte über die Störtebekersage gibt. Die drei Windmühlen von Marienhafe können ebenfalls besichtigt werden.

H. Aswat

Käse und Holzschuh – Der holländische Nachbar

Die nächste Festlandküste von Borkum aus gehört zu Holland. Die holländische Stadt Groningen und die deutsche Stadt Emden sind etwa gleich weit entfernt, und haben in der Vergangenheit beide ihren Einfluß auf die Insel ausgeübt. Eine lange Geschichte verbindet die Insel mit Holland, und wenn hier von altersher die reformierte Kirche die Inselkirche ist, während auf allen anderen ostfriesischen Inseln die Lutheraner diesen Platz einnehmen, so hat das auch etwas mit den jahrhundertealten Verbindungen zum nahen Holland zu tun.

Das Königreich der Niederlande, wie es offiziell heißt (Holland sind für den Niederländer nur die beiden Provinzen Nord- und Südholland), ernährt auf 37 000 qkm Land plus 4 200 qkm Binnenseeflächen 14,2 Mio. Menschen. Die Niederlande sind damit kleiner als die Schweiz und mit 384 Einwohnern/qkm die dichtbevölkertste Region Europas und eine der volksreichsten der Welt.

Trotz Überschaubarkeit und Kleinheit ist die Landschaft sehr abwechslungsreich: Die Küstenregion mit der Inselkette im Norden und dem tief in das Land eingreifenden Ijsselmeer wird abgelöst durch tiefliegende landwirtschaftlich genutzte Gebiete, beispielsweise in den Provinzen Groningen und Friesland, in denen bis heute Wasser und Entwässerung beherrschende Elemente sind. Es schließen sich Heide- und Moorlandschaften im Südosten an, die dann in den Provinzen Overijssel, Gelderland und Utrecht in Wald-, Heide- und Dünengebiete übergehen. Im Süden der Provinz Limburg finden wir eine reizvolle Hügellandschaft. Hier liegt mit +322,5 m NN die höchste Erhebung der Niederlande, während sich der tiefste Punkt des Landes mit -6,7 m NN in einem Polder nordöstlich von Rotterdam befindet.

Die niederländische Sprache ist dem Deutschen verwandt, und wer Plattdeutsch spricht, wird wohl auch einiges Niederländische verstehen. In der Provinz Friesland wird als zweite Landessprache Friesisch gesprochen. Entsprechend sind dort auch die Ortsschilder zweisprachig. Die Niederlande gelten aufgrund ihrer Geschichte als ein typisch protestantisches Land, was aber heute nur noch bedingt richtig ist: 40 % der Bevölkerung, hauptsächlich in den Provinzen Noord-Brabant und Limburg, gehören zur katholischen Kirche. Alle anderen Provinzen werden als protestantisch geprägt bezeichnet. Allerdings gehören nur noch 23,5 %

der Einwohner Hollands zur Niederländisch-reformierten Kirche. Der Rest verteilt sich auf sonstige (meist protestantische) Kirchen und konfessionslose Niederländer. Trotzdem spielt der jahrhundertealte Gegensatz zwischen dem katholischen Süden und dem protestantischen Rest des Landes im sozialen, kulturellen und wirtschaftlichen Leben des Landes noch eine starke Rolle. Er ist für den Besucher selbst an der Programmgestaltung und Organisation der Medien ablesbar.

Wirtschaftlich sind die Niederländer von altersher eine seefahrende Handelsnation. Ihre Handelsflotte ist bis heute die siebtgrößte der Welt, und der Rotterdamer Hafen weist den welthöchsten Umschlag auf. Ebenso gehören traditionsgemäß die *Wirtschaftszweige Landwirtschaft, Gartenbau und Fischerei* zum Erscheinungsbild. In neuerer Zeit hinzugekommen sind *Textil- und Chemische Industrie, Elektroindustrie und Werften*. Außerdem exportieren die Niederländer eine beachtliche Menge Erdgas in die Bundesrepublik.

Seit 1848 sind die Niederlande konstitutionelle Monarchie. Die emotionale Verbindung zum Königshaus ist stark. Dies hängt sicherlich einmal mit der Geschichte des Landes zusammen, die ohne den Begründer des Königshauses, Prinz Wilhelm von Oranien, Graf von Nassau, nicht zu denken ist. Er und seine Nachfolger schufen das politische Gebilde der Niederlande. Hinzu kommt, daß während der deutschen Besetzung im Zweiten Weltkrieg das emigrierte Königshaus mit der beliebten Königin Wilhelmina Zentralpunkt des Widerstandes war, so daß auch die jüngste, teilweise sehr persönliche Geschichte der Holländer mit ihrem Königshaus verflochten ist. Die Enkelin von Königin Wilhelmina, Königin Beatrix, sitzt heute auf dem Thron. Das Parlament, die Generalstaaten, hat zwei Kammern. Die 75 Mitglieder der ersten Kammer werden von den Provinzparlamenten auf 6 Jahre gewählt, die 150 Mitglieder der zweiten Kammer alle 4 Jahre direkt vom Volk. Die Königin und die dem Parlament verantwortlichen Minister bilden zusammen die Krone. *Den Haag ist Regierungssitz, und traditionell ist Amsterdam die Hauptstadt.*

Der Niederländer versteht sich nicht als "fast Deutscher", was leider manchmal von den Deutschen übersehen wird. Er hat sich seine Unabhängigkeit und sein Land buchstäblich erarbeiten müssen und ist bis zur Starrköpfigkeit stolz auf die Eigenheiten seines Landes: So pflegt ein Groninger oder Friesländer, der nach Amsterdam fährt, zu verkünden, daß er nach Holland fahre. Während der mehr heitere, dem Belgier und Rheinländer benachbarte Limburger über derartige Sturheit lächelt.

Die Küche ist in den Niederlanden traditionsgemäß solide und kalorienreich. Sie wird durch viele chinesische und indonesische Restaurants aufgelockert. Man beginnt den Tag mit einem umfangreichen Frühstück, mittags gibt es nur ein Lunch, und die Hauptmahlzeit wird am Abend eingenommen. Für den Touristen sind Restaurants interessant, die ein sogenanntes Touristen-Menü zu einem Einheitspreis anbieten, und etwa hundert Restaurants des Landes, die unter einem gemeinsamen Symbol (Suppenterrine) Neerlands Dis, also typisch niederländische oder auch regionale Gerichte anbieten. Wer an einem Pannekoekenhuis vorbeikommt, sollte unbedingt einkehren. Ca. 70 verschiedene Sorten der großen, über den Tellerrand schwappenden Pfannkuchen erwarten ihn. Beliebt sind auch Backfisch und Hering, die an kleinen Marktständen "Frisch vom Fang" als Schnellimbiß verkauft werden.

Die Währung ist der holländische Gulden, der offiziell in der Abkürzung FL = Florint geführt wird. Er unterteilt sich in 100 Cent. Für 100 DM erhält man etwa 110 Gulden. Für einen Grenzübertritt benötigen Staatsangehörige der Bundesrepublik Deutschland, Österreichs und der Schweiz lediglich einen gültigen Personalausweis oder Reisepaß. Kinder unter 16 Jahren müssen, falls sie keinen eigenen Ausweis besitzen, im Elternpaß eingetragen sein. *Falls Sie einen längeren Aufenthalt in den Niederlanden planen, können Sie sich weitere Informationen beim Niederländischen Büro für Tourismus, Postfach 270580, 50511 Köln, Tel. 0221/25 70 383, holen.*

H. Aswat

"Maak tau" - Schnellkurs in "Borkumer Platt"

Jeden Tag begegnen dem Gast auf Borkum Wörter und Bezeichnungen in der alten Borkumer Sprache, dem Borkumer Platt. Diese Mundart unterscheidet sich vom normalen niederdeutschen Platt erheblich. Seine Verwandtschaft ist mehr im Groninger Land zu suchen. Wer einmal in den alten Kirchenbüchern und Aufzeichnungen blättert, stellt fest, daß die Schriftsprache früher mehr holländisch als deutsch war. Eine Hilfe zum Verstehen und Übersetzen von Straßennamen, Ortsbezeichnungen und beim Einkauf aufgeschnappten Wörtern soll die folgende kleine Zusammenstellung sein.

Topographische Bezeichnungen:

Greune Stee	= Grüne Stelle
Dodemannsdelle	= Totental, ehemaliger Begräbnisplatz der vom Meer angespülten Toten
Engel's Pad	= Englischer Weg, auf diesem Pfad wurde einmal das Strandgut eines gestrandeten englischen Schiffes geborgen.
Hooge Hörn	= Hohe (weite) Spitze
Rochepad	= Rochenweg; diesen Weg benutzten die Fischer früher, um am Strand ihre Rochennetze zu setzen.
Kiekerdünen	= Ein Gebiet ehemals hoher Dünen, daher gut zur Aussicht geeignet.
Kieken	= schauen, sehen.
Tüskendör	= "Zwischendurch" trennte das Meer früher die Insel in zwei Teile, das Westland und das Ostland; das Wasser ging also zwischendurch.

Specksniederstrate (Speckschneiderstraße), Commandeurstraate (Kommandeurstraße) Stürmannstraate (Steuermannstraße). Diese Straßen wurden zur Erinnerung an die Walfängerzeit nach den Berufen und Begriffen von damals benannt.

Waterdelle	= Wassertal, ehemals sehr feuchtes Dünengebiet.
Olde Melkstee	= Alte Milchstelle, auf der im früher unbebauten Gelände die Kühe gemolken wurden.

Isdobben = Aus den vielen Tümpeln in diesem Gebiet wurde im Winter das Eis für den Kühlkeller gewonnen.

Die Wochentage:
Maandag, Dinsdag, Middeweek, Dünnersdag, Freidag, Saterdag, Sönndag.

Beim Einkauf:
Die Begrüßung erfolgt zu jeder Tageszeit mit "Moin". Morgens beim Bäkker holt man sich seine "Stutjes" (Brötchen), "för namiddags noch'n Stückje Botterkauke" (für nachmittags noch ein Stück Butterkuchen) und in der Weihnachtszeit gibt es beim Bäcker "Sünnerklaasgaud" (Spekulatius). Wer schon mal was von "Moppe" gehört hat, kann es Anfang Dezember bis zum Klaasohmfest versuchen; es ist ein Gebäck aus Mehl und Sirup, eine Übersetzung für diesen Ausdruck gibt es nicht.
 Nun gehen wir mit der "Melkbumme" (Milchkanne) frische Milch holen und nehmen gleich noch etwas "Keise" (Käse) mit. In der Gemüseabteilung finden wir Wuttels, Tuffels, Greunkohl (Mohrrüben, Kartoffeln, Grünkohl). Für abends brauchen wir noch "watt tau drinken" (was zum Trinken). Vielleicht "mal'n Upgesetten of 'n Jenever" (Aufgesetzter oder Korn, jeder Korn heißt einfach Jenever). Nachmittags zum Tee die Kluntjes (Kandiszucker) und Room (Sahne) nicht vergessen. Wer einmal etwas Besonderes essen möchte, bestellt sich beim Schlachter oder im Restaurant "Soltfleis" (Pökelfleisch).

Nun zu den Mengen
Ein Pund ist ein Pfund, 'n Bülte sind viele, 'n bietje ist ein wenig, 'n Vördel Pund ist ein Viertelpfund. Wer nicht genau weiß, wieviel, der sagt "So Stück of seese" und bekommt ungefähr sechs. Wer auf Platt bis zehn zählen möchte: ein, tweei, dreei, veier, fief, sees, söben, acht, negen, tien.

Ein paar Tiere:
Fiss - Fisch, Katt - Katze, Peerd - Pferd, Swien - Schwein, Aante - Ente, Kau - Kuh, Kaabe - Möwe, Skap - Schaf, Kievitt - Kiebitz.

Gegensätze:
Hoog un deip = hoch und tief, lütjet un groot = klein und groß, gaud un mal = gut und schlecht, dröög un nat = trocken und naß.

Redewendungen:
Maak tau	= Beeil Dich
Datt geit mi nix an	= Das geht mich nichts an, das interessiert mich nicht.
Well bist?	= Wer bist Du?
Disse olde Dwarsbüngel	= dieser alte Querulant
Datt kann gebeuren	= das kann passieren
Vandaage nei meer	= heute nicht mehr
Hei fraagt mi noch'n Gatt in't Liev	= er fragt mir noch ein Loch in den Bauch
Dei Fent döcht nix	= der Kerl taugt nichts

| Dick van mist | = sehr neblig |
| Da kann ik nix an maaken | = da kann ich nichts dran tun |

Zum Schluß noch ein paar ganz besondere Ausdrücke für "Fortgeschrittene"

Liekdoorn - Hühnerauge Karmeelkebrei - Buttermilchbrei
Tünnebank - Ladentresen Zolder - Dachboden
fieleinig - raffiniert Nüstebak - Mülltonne
Duimstok - Zollstock Enkert - Tinte
Potlot - Bleistift Tune - Garten

Sicherlich wird man den einen oder anderen Ausdruck dieser kleinen Übersicht auch in anderer Schreibweise irgendwo lesen können. Eine verbindliche Rechtschreibung gibt es nicht, aber wichtiger ist ja, daß unsere Sprache lebt und weitergegeben wird.

W. Richter

"Datt kann gebeuren" - Feste und Brauchtum auf Borkum

Ganz bestimmt ist auf Borkum nicht alles anders, aber manchmal wird doch ein gewaltiger Unterschied zum Festland spürbar. Zum Beispiel beim Maibaum: In Ostfriesland wird der Maibaum traditionell am Vorabend zum 1. Mai errichtet, auf Borkum und z.B. auf Norderney jedoch grundsätzlich am Sonnabend vor Pfingsten, egal wie früh oder spät das Pfingstfest liegt. Auch in der Form unterscheidet er sich von seinen Artgenossen auf dem Festland. Der *Borkumer Maibaum* besteht aus der Nachbildung eines Schiffsmastes, und die Rahen werden mit dem jungen Grün der Birken und Erlen geschmückt. Als "Mastkorb" wird ein Weidenkorb aufgehängt, in dem ein Hahn, gut versorgt mit Wasser und Körnern, es drei Tage lang aushalten muß. Kräht er kräftig vor Sonnenaufgang des 1. Pfingsttages, so wird dieses als Vorzeichen für eine gute Saison gewertet. Der Hahn wird in einer Nacht- und Nebelaktion am Freitagabend vor Pfingsten aus einem Stall entwendet. Schon manch stolzer Besitzer eines prachtvoll krähenden Hahnes war überrascht, wenn sein Hahn vom Maibaum krähte. Die Rückgabe des Hahnes an den Besitzer ist dann eine feuchtfröhliche Feierstunde.

Der *Borkumer Jungsverein*, der diesen alten Brauch in Ehren hält, ist auch für die Durchführung des größten Borkumer Festes *"Klaasohm"* verantwortlich. Klaasohm findet jährlich am 5. Dezember statt. Nur wenn der 5. Dezember ein Sonntag ist, wird am Sonnabend davor gefeiert. Gefeiert wird der Klaasohm in dieser Art nur auf Borkum. Es ist entstanden aus einer Mischung von heidnischen und christlichen Bräuchen. Im holländischen Nachbarland wird zu diesem Termin mit viel Aufwand das Nikolausfest gefeiert, das dort und im ostfriesischen Raum früher einen höheren Stellenwert hatte als Weihnachten. So verhielt es sich auch auf Borkum mit Klaasohm.

Die Ursprünge des Klaasohm gehen zurück bis ins 18. Jahrhundert.

Während der Sommermonate war ein Großteil der männlichen Borkumer Bevölkerung auf Walfang in der Arktis bei Spitzbergen und Grönland. Anfang Oktober kehrten alle nach Hause zurück und wollten den daheim gebliebenen Frauen zeigen, wer jetzt wieder Herr im Hause war. Nordische und holländische Sitten mischten sich, und auch der Namenstag des Schutzheiligen der Seefahrer, St. Nikolaus, spielte eine Rolle bei dem, was sich dann als Borkumer Klaasohm entwickelte.

Die Kostüme der Klaasohms bestehen aus Material, das man früher auf der Insel genügend hatte: Möwenfedern und Schaffelle als Kopfschmuck, ein Kittel oder ein gegerbtes Kuhfell und ein mächtiges Kuhhorn als "Handwerkszeug". Vor dem Kuhhorn fürchteten sich besonders die Mädchen und Frauen dermaßen, daß sie die Straßen während des Umzuges der Klaasohms nicht aufsuchten. Wer es doch tat und erwischt wurde, bekam das Kuhhorn zu spüren.

Heute läuft das in dieser Richtung milder ab, jedoch das furchterregende Aussehen der Klaasohms ist geblieben, und wo sie durch den Ort ziehen, gibt es auch heute noch oft Scherben und ein paar zerbrochene Kleinmöbel. Es gibt sechs Klaasohms, je zwei große, mittlere und kleine. Die großen sind über 18 Jahre alt, die mittleren 16-18 Jahre und die kleinen werden von der Altersgruppe 14-16 Jahre gestellt. Die großen Klaasohms haben noch ein "Wiefke" (Weib) dabei, jedoch auch hier steckt ein junger Mann im Kostüm.

Wer "unter den Helm" kommt, bestimmt der Oldermann (Vorsitzende) des Jungsvereins sowie die jeweiligen Oldermänner der beiden jüngeren Gruppen. Schon manch einer hat erst in letzter Minute erfahren, daß er dazu ausersehen war, den Klaasohm darzustellen. Vor dem Umzug kämpfen die drei Klaasohm-Gruppen Mann gegen Mann. Wer den Ringkampf, der in voller Montur ausgetragen wird, verliert, muß dem Gegner seinen Namen preisgeben.

Dann beginnt der Lauf durch den Ort. Nach festgelegter Route werden Gaststätten und Privathäuser, in denen sich die Familien und deren Freunde und Bekannte versammeln, aufgesucht. Nach drei bis vier Stunden trifft man sich an der Westerstraße, dem "D" rund um eine Litfaßsäule. Von dort geht es gemeinsam zu den jeweiligen Vereinslokalen. Die Bevölkerung feiert weiter während die Kinder hoffen, daß ihnen der Klaasohm in der Nacht etwas auf die bereitgestellten Teller legt.

Spitze Journalistenzungen - vom Festland natürlich - haben schon mal behauptet, Klaasohm sei am besten mit "Klar Köhm" zu übersetzen. Die Antwort eines Borkumers auf diese Interpretation seines Hauptfestes könnte lauten: "Dat kann gebeuren" (Das kann passieren), womit man sich auf eine vorsichtige Toleranz zurückgezogen hätte, die dem Fremden seine (Touristen-) Rechte zugesteht, ohne die eigene Eigenständigkeit zu diskutieren.

W. Richter

Fast alles über Borkum - Info

Infoteil

Ausführliche Informationen in den Kategorien Reise (1), Notrufe (2), Interessantes (3), Hotels und Restaurants (4), Kur (5), Erlebnis (6), Kultur und Ereignisse (7), Kirchen und Beratung (8)

Hinweis: Die Gliederung dieses Infoteils soll Ihnen ein schnelles Finden der gewünschten Informationen erleichtern. Trotz sorgfältiger Recherchen können wir keine Haftung für die Vollständigkeit und absolute Richtigkeit der Einzelangaben übernehmen. Wir sind jedoch laufend bemüht, den Infoteil zu verbessern und zu aktualisieren und deshalb für jeden korrigierenden Hinweis dankbar. Aktualitätsstand für alle Angaben ist September 1997.

Ortskennzahl: 04922
Postleitzahl: 26757

1. Hinkommen und wegfahren

ALLGEMEINE AUSKÜNFTE
Kurverwaltung: Goethestr. 1, Tel. 933-0, Fax 4800
Touristinformation/Zimmervermittlung am Bahnhof, Tel. 933-108 bis -111, Fax 933-104 u. -112
Borkumer Kleinbahn (Reiseauskünfte, Ausflugsfahrten, Reisegepäck): Postfach 1266, Borkum, Tel. 3090, Fax 30934
Stadtverwaltung: Neue Str. 1, Tel. 303-0, Fax 3200

DIE AUTOREISE

Der **Ortskern** Borkums ist während der Sommermonate für den **Autoverkehr gesperrt**, da die gute Nordseeluft möglichst unvermischt durch Abgase die Lungen der Urlauber erreichen soll. Der verkehrsberuhigte bzw. verkehrsgesperrte Bereich ist in der SI-Inselkarte Borkum dargestellt. Weitere Einzelheiten entnehmen Sie bitte den zu jeder Saison aktualisierten Informationen der Kurverwaltung. Auf der Insel selbst stehen nur **begrenzte Parkplätze** zur Verfügung. Es ist deshalb besonders für Kurzzeiturlauber empfehlenswert, den Wagen in einer Garage oder auf einem der **Abstellplätze** im Emder Außenhafen, ca. 300 m vom "Borkum-Anleger" entfernt, bzw. an der Abfahrtstelle im niederländischen Eemshaven abzustellen. **Parkgebühren:** ca. 4,50 DM pro Tag. Tel. Garagen: Emden 04921/890741, Eemshaven 0031/596-16084
Falls Sie mit dem Auto anreisen, benötigen Sie (wenn die ganztägig gesperrte "Rote Zone" befahren werden muß) eine **Sondergenehmigung**, um zumindestens Ihr Gepäck in der Unterkunft abgeben zu können. Diese erhalten Sie bei der AG Ems in Emden bzw. Eemshaven am Fahrkartenschalter. **Gehbehinderte** mit rotem oder grünem Schwerbehinderten-Ausweis mit dem Aufdruck

"aG" können eine **Ausnahmegenehmigung** auch für den ganzen Urlaub im Rathaus Borkum erhalten. Tel. 303-222
Parkplätze: Am Langen Wasser, Ankerstr., Oppermanns-Pad, Upholmstr., FKK, Anleger "Borkum Reede". Sichern Sie sich bei Ihrem Vermieter einen Parkplatz, da insbesondere in den Monaten Juni - August die Zahl der öffentlichen Einstellplätze begrenzt ist. Auf fast allen öffentlichen Straßen darf **nicht** geparkt werden.
ADAC-Pannenhilfe: tägl., rund um die Uhr, Tel. 04921/19211 (Festland)
Verkehrsfunk: Radio Antenne 104,9 MHZ, **NDR 1** 95,8 MHZ, **NDR 2** 98,1 MHZ, **FFN** 103,1 MHZ

DIE BAHNREISE

Alle Zugverbindungen nach Borkum enden im **Hauptbahnhof Emden** bzw. **in Emden-Außenhafen:** von hier geht es mit der Fähre weiter nach Borkum. Interregio-Direkt-Verbindung nach Emden u.a. von Seeburg, Freiburg, Karlsruhe, Heidelberg, Mainz, Köln, Münster, Frankfurt/M., Dresden.
Bahnhof Borkum: Borkumer Kleinbahn, Tel. 3090. **Hauptbahnhof Emden:** Tel. 04921/8980, **Haus-zu-Haus-Gepäck-Service DB:** Tel. 0180/3320520
Handgepäckbeförderung: ab Borkum Anleger zur Ferienunterkunft, Tel. 30914

DIE FÄHRREISE

Sie erreichen die Insel mit der Fähre ab **Emden-Außenhafen** oder ab **Eemshaven** (Holland). Pkw-Anmeldungen sind für die Fährüberfahrten nach Borkum und zurück zum Festland am besten gleichzeitig mit der Zimmerbuchung vorzunehmen. Generell empfiehlt sich in der Saison Vorbuchung.
Fährverbindungen in der Saison
von Emden - Borkumkai: Abfahrten tägl. 8.^{00}, 9.^{00}, 11.^{00}, 14.^{00}, 17.^{00} Uhr.
von Borkum Bahnhof nach Emden: Tägl. 7.^{50}, 10.^{50}, 13.^{50}, 16.^{50} Uhr.
Die Fahrzeit beträgt etwa 2 Stunden. Eine zusätzliche, schnelle Verbindung (60 Min.) existiert mit dem **Katamaran "Nordlicht"**. Näheres u. Reservierungen bei der AG Ems.
von Eemshaven/NL: tägl. 7.^{30} (Fr, Mo 8.^{30}), 10.^{15} (Fr, Mo 11.^{15}), 14.^{15} Uhr, zusätzlich Fr 19.^{15} Uhr, Sa 17.^{15} Uhr.
von Borkum Bahnhof nach Eemshaven: tägl. 8.^{30} (Fr, Mo 9.^{30}), 12.^{20}, 17.^{40} (Sa 18.^{00}), zusätzlich Sa 6.^{40} und 15.^{30} Uhr. Die Fahrzeit beträgt 55 Min.
Information: Fährverbindung Emden-Borkum: bei der Reederei AG "Ems", Postfach 1154, 26691 Emden, Tel. 04921/890722, Fax 890742. Fährverbindung Eemshaven (NL)-Borkum: bei der "AG Ems Nederland b.v.", Borkum-lijn, Borkumweg 3, 9979 XJ Eemshaven (NL), Tel. 0031/596-516026, Fax 516002. **Alle Buchungen über Zentralbuchung Emden**. Die vorstehenden Angaben sind nach dem Unterlagenstand Sept. 1997 bearbeitet. Betriebs-, saison- u. wetterbedingte Änderungen sind bei der Reederei zu erfragen. Eine Gewähr für die angegebenen Abfahrts- u. Ankunftszeiten kann nicht übernommen werden.

DIE FLUGREISE

Der **Borkumer Flugplatz** verfügt über eine 1000 m lange befestigte Start- u. Landebahn der Klasse 2 mit Nachtbefeuerung, zugelassen für Flugzeuge bis 7500 kg. Tankanlage vorhanden. Start- u. Landemöglichkeiten nach allen

Himmelsrichtungen. Ganzjährig geöffnet. **Direkt- bzw. Anschlußflüge** von Emden, Düsseldorf, Bremen, Hannover u.a.
Flugauskunft: Tel. 04921/899-0, Fax 8992-22
Flugleitung: Tel. 2247 u. 3848; **Flugschule u. Rundflüge:** Tel. 3838
Charterflüge/Rundflüge von und zu anderen Ostfriesischen Inseln: OLT, Ostfriesische Flugdienst GmbH, Flugplatz Borkum, Tel. 686 u. 1038

ANREISE MIT DEM EIGENEN BOOT

Bootsliegeplätze finden Sie in der "Burkana-Marina" u. im privaten Boots- u. Yachthafen. Die Bootshäfen sind tideunabhängig. Der Burkanahafen ist auch für Boote mit größerem Tiefgang geeignet. Die Häfen können auch bei schlechtem Wetter angelaufen werden. **Information:** WSVB-Burkanahafen, Postfach 2350, 26749 Borkum, Tel. 7877. Boots- u. Yachthafen, Firma Baalmann, Hindenburgstr. 18, Borkum Tel. 3880. **Nur in Notfällen** darf auch der **Schutzhafen** angelaufen werden, hier gilt die Hafenverordnung. **Information:** Wasser- u. Schiffahrtsamt Emden, Schutzhafen, Borkum, **Hafenmeister:** Tel. 3440.

Geschenke, die aus dem Rahmen fallen...
Pardon...., die im Rahmen sind!
Bewegliche Sandbilder!

Sandcollagen; einmalig auf Borkum, das sollten Sie nicht versäumen.

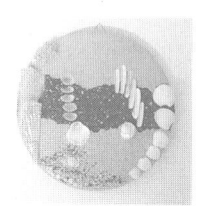

Werner Richter, Franz-Habich-Straße 23
26757 Borkum, Tel. 04922-1301, Fax 4385

...weiterhin:
Fax-Service - senden und empfangen
Kopierarbeiten
Mietschreibmaschinen

ÖFFENTLICHER PERSONENNAHVERKEHR
Busverbindungen: Mehrmals tägl. fährt ein Bus vom Busbahnhof zum Hafen, Flugplatz, FKK-Strand u. Ostland. In der Zeit von Ende Sept. bis Ende Mai wird die Ostlandlinie nur an Samstagen sowie Sonn- u. Feiertagen bedient. Der Omnibusfahrplan ist am Fahrkartenschalter am Bahnhof erhältlich.
Inselbahn: Die Inselbahn verkehrt seit 1995 ganzjährig zwischen dem Anleger "Borkum-Reede" u. Bahnhof Borkum mit der Haltestelle Jakob-van-Dyken-Weg.
Information: Borkumer Kleinbahn, Am Bahnhof/Ecke Bismarckstr., Tel. 3090

2. Das rote Telefon

Ortskennzahl: 04922
Postleitzahl: 26757

NOTRUFE
Polizei 110, 91860   Feuerwehr 112, 303270
Hafenmeister, Schutzhafen **3440**
Krankenwagendienst 9192-22 o. -11 bis -13
Seenotkreuzer "Alfried Krupp" DBAA, am Liegeplatz **Borkum-Hafen**, Tel. 585, Vormann: Karl-Friedrich Brückner, Rottumer Str. 7, Tel. 1402. **Seenotkreuzer "Bernhard Gruben"** DBOA, am Liegeplatz **Norderney-Hafen**, Tel. 04932/2446, Vormann: Peter Sass, Up Süderdün 29, **Norderney**, Tel. 04932/1653. **Seenotrettungsboot "Ilka"** DA 8108, Vormann: Gerd Schwips, Loogster Pad 10, **Juist**, Tel. 04935/1336 oder 403, Funktel. 0171/4116584
Wasserschutzpolizei, Am Neuen Hafen 16, Tel. 1622

NOTRUFE/KÜSTENFUNK
Norddeich-Radio, Telex 27209 ndrdo d, Rufzeichen: DAN, Tel. 04931/1831
Elbe-Weser-Radio, Telex 232 216 ewr d, Rufzeichen: DAG, Tel. 04721/22066

ÄRZTLICHE DIENSTE
Ärzte/Kurärzte
Ali Abdulkader, Gartenstr. 20, Tel. 930012
Dr. med. Klaus Brockötter, Hindenburgstr. 4, Tel. 854 u. 93920
Drs. med. Monika Harms u. Gerd Löbbert, Bismarckstr. 13, Tel. 93030
Dr. med. Jörg Liebsch, Wiesenweg 21, Tel. 2044
Drs. med. Helmer Zühlke, Hindenburgstr. 7, Tel. 555

Internisten
Dr. med. Gerd Löbbert, Bismarckstr. 13, Tel. 93030
Dr. med. Peter Lübcke, Norderreihe 12a, Tel. 3540
Dr. med. Norbert Pöschke, Boeddinghausstr. 25, Tel. 301401

Allergologen
Dr. med. Holger Aulepp, Hindenburgstr. 126, Tel. 302163
Dr. med. Erhardt Freygang, Bubertstr. 4, Tel. 3050

Zahnärzte
Dr. Karl Biel, Reedestr. 18, Tel. 3313
Dr. C. Eickhoff, Kirchstr. 1 a, Tel. 2425 u. 4300
Günter Meier, Am Westkaap 16, Tel. 1253
Tierarzt: siehe Infoteil 3 (Tierheim)

Apotheken
Borkumer-Kur-Apotheke, Bismarckstr. 8, Tel. 819
Insel-Apotheke, Am Bahnhof, Tel. 3500
Nordsee-Apotheke, Neue Str. 2, Tel. 818
KLINIKEN/KRANKENHÄUSER
Allgemeines Krankenhaus, Gartenstr. 20, Tel. 93000
Bundesknappschaft, REHA-Klinik, Boeddinghausstr. 28, Tel. 3010
Klinik für Dermatologie u. Allergie Borkum, Tel. 7080, Zentrales Verwaltungs- u. Einweisungsbüro, Friedrich-Ebert-Allee 120, 53113 Bonn, Tel. 0228/530894, Fax 530986
Nordseeklinik Borkum der LVA Rheinprovinz, Bubertstr. 4, Tel. 3050
In den vorgenannten Häusern ist eine Aufnahme auch für Nichtrentenversicherte möglich, soweit die Kosten selbst oder durch eine Krankenversicherung (auch privat) übernommen werden.
Klinik Borkum-Riff der BfA, Hindenburgstr. 126. Aufnahme nur möglich, wenn die Kosten durch eine gesetzliche Krankenkasse oder durch einen anderen Rentenversicherungsträger übernommen werden; Keine Privatpatienten. Tel. 3020

ANONYME ALKOHOLIKER: siehe Infoteil 8
BAHNHOF: Borkumer Kleinbahn, Bahnhof Borkum, Tel. 3090
FUNDBÜRO: In der Stadtverwaltung, Zimmer 6, Tel. 303-244
KIRCHEN: siehe Infoteil 8
KURVERWALTUNG: Goethestr. 1, Tel. 933-0
POSTAMT: Bismarckstr. 9, **Schalterstunden:** Mo-Fr $9.^{00}$-$12.^{30}$ u. $15.^{00}$-$18.^{00}$ Uhr, Sa $9.^{00}$-$12.^{30}$ Uhr, Tel. 9189-0
STADTVERWALTUNG: Neue Str. 1, Tel. 303-0
STADTWERKE: Hindenburgstr. 110, Tel. 91120
TAXI: Tel. 1001
WASSER- u. SCHIFFAHRTSAMT: Strandstr. 33, Tel. 888
WETTERDIENST: Tel. 01164, **Seewetterbericht:** Tel. 0190/116404
ZEITANSAGE: Tel. 01191
ZIMMERVERMITTLUNG: siehe Infoteil 1
ZOLLDIENSTSTELLE: Schutzhafen, Reedestr. 232, Tel. 2287

· — · — · — · · · SOS · · — · — · — · ·

Kurs Menschen retten!

........heißt es für unsere Rettungsmänner. Bei jedem Wetter, zu jeder Zeit. Die DGzRS wird nur von freiwilligen – steuerabzugsfähigen – Zuwendungen, ohne jegliche staatlich-öffentliche Zuschüsse, getragen. Auch durch Ihre Spende – beispielsweise ins Sammelschiffchen.

Deutsche Gesellschaft zur Rettung Schiffbrüchiger (DGzRS)
Postfach 10 63 40, 28063 Bremen **Wir danken für die**
Postbank Nl. Hamburg (BLZ 200 100 20) 70 46-200 **gespendete Anzeige.**

3. dit un dat

Ortskennzahl: 04922
Postleitzahl: 26757

ALLGEMEINES

Altglas: Die Standorte der Altglascontainer sind auf der SI-Karte Borkum in Abstimmung mit der Stadtverwaltung eingetragen.

An- u. Ummeldungen: Stadtverwaltung, Einwohnermeldeamt, Neue Str. 1, Tel. 303-223

ARBEITSAMT: Wiesenweg 18, Tel. 3990

BEHINDERTEN-TOILETTEN: Kurmittelhaus, Kurhaus u. Kurhalle am Meer

BÜCHER/BÜCHEREIEN/LESESAAL

Evang.-luth. Gemeindehaus "Arche", Goethestr., So 11.^{00}-12.^{00}, Di 10.^{00}-12.^{00}, Mi 16.^{00}–18.^{00}, Do 18.^{30}-20 Uhr, Tel. 2253

Evang.-reform. Gemeindehaus, Rektor-Meyer-Pfad, Sa 11-11.^{45} Uhr, Tel. 3998

Kurbibliothek in der Kurhalle, Mo, Mi, Fr 16.^{30}-18.^{30} Uhr, Tel. 2662

Lesesaal in der Kurhalle am Meer.

BUCHHANDLUNGEN/BÜROBEDARF/DRUCKSACHEN

Borkumer Bücherstube, Franz-Habich-Str. 2a, Tel. 4370 und Kurhalle am Meer, Tel. 7856

Bürobedarf, Fotokopien u. Bücher Werner Richter, Mietschreibmaschinen, Fax-Service, Franz-Habich-Str. 23, Tel. 1301, Fax 4385.

Inselbuchhandlung, Bismarkstr. 8, Tel. 4282

Viehring, Alter Postweg 2, Tel. 2227

Drucksachen für alle Gelegenheiten Manfred Richter, Am Georg-Schütte-Platz, Tel. 4900, Fax 4380

EBBE U. FLUT: Gezeitenkalender erhältlich bei der Kurverwaltung u. im Buchhandel.

HUNDE: dürfen nur zu den als Hundestrand ausgewiesenen Strandabschnitten (Nord-, Süd-, Jugend- u. FKK-Strand) gebracht werden. Auf der Promenade, im Ortsbereich u. im gesamten Nationalparkbereich sind sie an der Leine zu führen.

LADENÖFFNUNGSZEITEN: Mo-Fr 9.^{00}-13.^{00} u. 15.^{00}-18.^{00} Uhr, Sa 9.^{00}-13.^{00} Uhr, So in der Regel vormittags geöffnet, aber einzelne Geschäfte haben geschlossen.

LOTTO: Lotto-Toto-Klassenlotterie Bucki Begemann, Franz-Habich-Str. 3, Tel. 4798

STANDESAMT: Neue Str. 1, auch "Heiraten auf dem Alten Leuchtturm", Tel. 303-222

STRANDZELTE: Die Strandzelte an den Badestränden werden vom Verein Borkumer Strandzeltvermieter e.V. vermietet. Nordstrand Tel. 2741, Südstrand Tel. 2717

Tierheim: Tierheim Borkum **mit tiermedizinischem Behandlungsraum** am Alten Deich. Vereinbarung von Behandlungen 0421/3448. Betreiber des Tierheims: Tierschutzverein Borkum, Tel. 990084.

WATTWANDERUNGEN: siehe Infoteil 6

ZEITUNG: Borkumer Zeitung u. Badezeitung, W. Specht, Tel. 91240

Ortskennzahl: 04922
Postleitzahl: 26757

ALLGEMEINE AUSKÜNFTE
Zimmervermittlung: siehe Infoteil 1

4. Essen, Trinken, Gastlichkeit

CAMPING: Außerhalb von Campingplätzen ist das Zelten nicht gestattet.
Aggen Camping: Ostland 1,
Tel. 2215; **Borkumer Campingplatz GmbH:** Hindenburgstr. 114, Tel. 1088

APPARTEMENTS/FERIENWOHNUNGEN
Haus Hobbing, das gemütliche Nichtraucher-Gästehaus. Unter gleicher Leitung wie Hotel Villa Ems, Bahnhofspfad 10, Tel. 91180, Fax 3445.
Holiday-Residenz, Appartementgroßanlage außerhalb der Stadt, etwa 500 m vom Strand, gut eingerichtete Appartements, Benutzung von Sauna, Solarium, Fitneßräumen inclusive Spielplatz u. Spielzimmer für Kinder, Saisonpreise ab 115,00 DM, Richthofenstr. 14-18, Tel. 3155, Zentrale Reservierungen 04921/8997-0, Fax 20127
Vermittlungsagentur Gerda Wasner, Bismarckstr. 57, Tel. 1304, Fax 4396

HOTELS
Vorbemerkung: Wir wollen keinen Hotelführer ersetzten, aber andererseits doch einige Tips geben. Deshalb haben wir die nachstehende Liste aus Hinweisen, die wir von Besuchern erhielten, und aus eigenen Erhebungen zusammengestellt. Diese Hinweise erheben natürlich keinen Anspruch auf Vollständigkeit, sind aber unabhängig von Insertionen. Teilen Sie uns ggf. Ihre eigenen Erfahrungen mit, damit wir sie in der nächsten Auflage berücksichtigen können. Wir haben folgende Klassifizierung eingeführt:
M = Erwähnung im Michelin ´97; * = finden wir besonders gut; ** = würden wir unseren Freunden empfehlen.
Café Jägerheim, Hotelbetrieb am Flugplatz, Tel. 2760, Fax 1093
M **Graf Waldersee,** 25 Zi., Bahnhofstr. 6, Tel. 1094, Fax 7188
Hotel Miramar, Original Meerwasser-Hallenbad, Fitnessraum, Sauna, Sonnenbank, Hausbar, Kinderspielzimmer, Clubraum u. Kaminzimmer mit Seeblick, Am Westkaap 20, Tel. 9123-0, Fax 912383
M **Nautic-Hotel Upstalsboom, 72 Zi., moderner Komfort, Veranstaltungsräume für 10–80 Pers., eigene Kurabteilung, großes Fitneßcenter, kindgerechtes Haus mit Spielzimmern und vielen kleinen Aufmerksamkeiten für die jungen Besucher, Goethestr. 18, Tel. 304-0, Fax 304-911
M **Nordseehotel, 86 Zi., moderner Komfort in schönem alten Haus. Eigene Kurabteilung, Schwimmbad, "Friesentherme", Lage direkt am Strand. Bubertstr. 9. Tel. 308-0, Fax 308113
*M **Poseidon,** 59 Zi., Bismarckstr. 40, Tel. 811, Fax 7189
M **Seehotel Upstalsboom, 39 Zi., 200 m vom Hauptbadestrand entfernt, moderner Urlaubskomfort in liebevoll wiederhergestelltem Jugendstilinterieur, Nichtraucher-Etage, Seminarräume, bekannte Küche auch mit Friesischen Spezialitäten. Viktoriastr. 2, Tel. 915-0, Fax 7173
Inselhotel Vier Jahreszeiten, 300 m vom Hauptbadestrand. Eröffnung 1997, Tel. 0171/4131400

Leckerbeckje
Ihr Imbiß auf Borkum

**Gyros - knackige Salate - Fischbrötchen
Hamburger - Pommes - leckere Snacks**

- Auch größere Gruppen bedienen wir ohne Voranmeldung! -

An der Endstation der Inselbahn

...unter gleicher Leitung:

Haus Elstertal
**Franz-Habich-Str. 23
26757 Nordseeinsel Borkum
Tel.:04922/9121-0 Fax: 9121-21**

**Moderne Ferienwohnungen
und Appartements für 2-4 Personen**

*Freie Termine und nähere Informationen
per Faxabruf: 04922/9121-23 oder
im Internet: http://www.Borkumnet.de/homepage/richter*

---

* **Villa Ems**, 22 Zi., Fitneß, Hallenbad, Sauna gepaart mit stilvollem Komfort, Georg-Schütte-Platz 9, Tel. 91180, Fax 3445

UNTERKÜNFTE FÜR FREIZEITEN, FAMILIEN, JUGENDGRUPPEN
JUGENDHERBERGE: Reedestr. 231, Tel. 579 + 990070
CVJM-Heim für Jugendgruppen, Waterdelle, Tel. 9122-0, Fax 912291
FAMILIENFERIENHEIME
Familienferienheim Alter Leuchtturm, Wilhelm-Bakker-Str. 2, Tel. 3414
Familienferienstätte Haus Bakker, Neue Str. 6, Tel. 3716
Familienferienstätte Haus Bloemfontain, Reedestr. 73, Tel. 3962
Haus Jörg, Isdobben 26, Tel. 2224
Katholisches Erholungsheim St. Josef, Kirchstr. 34, Tel. 3979
KINDERHEIME
Kinderkurheim Kiebitzdelle, Greune-Stee-Weg 31, Tel. 4789
Kinderkurheim Rumpelstilzchen, Am Leuchtturm 1, Tel. 2206
Kath. Kinderkurheim Sancta Maria, Boeddinghausstr. 10, auch Mutter- und-Kind Kuren, Tel. 9281-0

Restaurants/Cafés
GOURMETTIPS: Wenn man Urlaub macht, möchte man auch hin und wieder gepflegt essen gehen. Ausführliche Inserentenhinweise finden Sie in unserem Inselführer. Wir haben aber noch etwas mehr für Sie getan und einfach sachkundige Insulaner gefragt, wo sie mit ihren Gästen gerne essen. Dabei ist die nachstehende Empfehlungsliste herausgekommen, die keinen Anspruch auf Vollständigkeit erhebt, die aber auch nicht durch Insertionen beeinflußt

Restaurant zum Yachthafen

Ausflugsziel »*Yachthafen*« »*Sportboothafen*« »*Feuerschiff*«
(Öffnungszeiten zu erfragen im Lokal)

Lassen Sie sich in maritimer Atmosphäre verwöhnen!

Kaffee und Kuchen
Ostfriesentee auf Stövchen

Internationale sowie gutbürgerliche Küche.

Mittags- und Abendkarte

Täglich frischer Fisch

Konferenzraum bis 80 Personen

Wir sind für Sie da von 10.00 - 22.00 Uhr
Küche von 11.30 - 14.15 und 18.00 - 22.00 Uhr

Telefon: 0 49 22 / 77 73
Fax 0 49 22 / 43 99

ist. Wir werden uns bemühen, diese Liste von Auflage zu Auflage zu aktualisieren und zu vervollständigen. Wir freuen uns, wenn Sie uns dabei helfen.

GUT ESSEN

Delfter Stuben u. Fischerdorf, das "Fischrestaurant Nr. 1". Hier gibt es nicht nur hervorragenden Fisch sondern auch Fleischspezialitäten aus gutbürgerlicher Küche, Bismarckstr. 6 (gegenüber der Post), Tel. 2011

Fischimbiß Byl´s Fisshus, tägl. frischer Fisch u. Krabben, eigene Räucherei. Alles auch außer Haus. Specksniederstrate 15, (Ecke Ostfriesenstr./Reedestr.), Tel. 640

**Fischerkate, ausgezeichnete Fischgerichte zu angemessenen Preisen, Hindenburgstr. 99, Tel. 3844

**Swarte Evert, gute Küche in gemütlicher historischer Umgebung, freundliche, zuvorkommende Bedienung. Probieren Sie zum Beispiel mal Krabben mit Rührei als Vorspeise oder die Fischplatte des Hauses als Hauptgericht, Reedestr. 5, Tel. 1285

Upholm-Hof, Scheunenrestaurant mit ostfriesischen Spezialitäten, Biergarten u. Grillhütte, Upholmstr. 45 (am alten Deich), Tel. 4176

*Zum Störtebeker, der neue Koch des Störtebeker ist seit Jahren auf der Insel für seine Küche bekannt. Probieren Sie es aus. Reedestr. 36, Tel. 3771, Fax 4675

HIER WIRD KAFFEETRINKEN ZUM ERLEBNIS

*Cafè Geflügelhof Bantjedünen 27, hausgemachter Kuchen in Riesenportionen, Tel. 2631

Café-Bistro Hafenkieker, gegenüber dem Feuerschiff u. Rettungskreuzer. Tägl. frischer Kuchen aus eigener Konditorei. Am neuen Hafen 22, Tel. 3663

Café Unterm Reetdach, Bantjedünen, Tel. 3433

Café Hertha, Rauchfreies Café, hausgemachte Kuchensorten nach eigenem Rezept. Geöffnet Mo-Fr 14-18 Uhr. Greune-Stee-Weg 43, Tel. 2677

Café-Restaurant Isdobben, Gartencafé mit tägl. frischem Kuchen aus eigner Herstellung. Probieren Sie z. B. mal die Fruchttorten. Kuchen, Eis u. Getränke auch für Diabetiker. Geöffnet von April bis Oktober. Isdobben 14, Tel. 509.

Café Jägerheim, Ihr Ausflugsziel am Flughafen. Hausgemachte Kuchen, reichhaltige Speisekarte, Hotelbetrieb. Tel. 2760

*Café-Restaurant "Kaffee Pöttchen": Nichtraucher-Café u. Restaurant. Frühstücksgedecke, hausgemachte Kuchen, reichhaltige Mittags- u. Abendkarte. Alte Schulstr. 10, Tel. 7907

Café-Restaurant Sturmeck, das Ausflugslokal am Nordstrand mitten im Nationalpark Wattenmeer. Friesische Gemütlichkeit und weiter Blick auf die See, Tel. 1222

Café-Restaurant Zum Yachthafen, Kaffee u. Kuchen, Ostfriesentee auf Stövchen, internationale Küche, tägl. frischer Fisch. Dazu der Blick auf den Yachthafen Borkum, Tel. 7773

IMBISS: Leckerbeckje, Gyros - knackige Salate - Fischbrötchen - Hamburger - Pommes - leckere Snacks. An der Endstation der Inselbahn.

Ortskennzahl: 04922
Postleitzahl: 26757

HEILANZEIGE: siehe gesonderten Artikel
Gegenanzeige: Herz- u. Kreislauferkrankungen, aktive Lungentuberkulose, akute rheumatische Erkrankungen, hochgradiger Bluthochdruck, Überfunktion der Schilddrüse, akute Nerven- u. Geisteskrankheiten

5. Kurangebote

KURVERWALTUNG: (Am Neuen Leuchtturm), Goethestr. 1, Kurkartenausgabe, Tel. 933-0
Kurtaxe
Die Höhe der Kurtaxe schwankt je nach Jahreszeit und Anzahl der Familienangehörigen zwischen 0,50 DM u. 5,00 DM pro Person u. Tag. Ermäßigte Preise gelten für Kinder u. Jugendliche zwischen 6-18 Jahren sowie für Jugendherbergsgäste. Auskünfte bei der Kurverwaltung
KURANWENDUNGEN
Bäder: Meeressolbad, Süßwasserbad, Sitzbad, Luftperlbad, Sauerstoffbad, Kohlensäurebad (CO_2), Bürstenbad mit ansteigender oder wechselnder Temperatur mit anschließender Trockenpackung. Elektrogalvanisches Bad mit Längs-, Quer- oder Schrägdurchflutung, Schlickvollbad einschließlich Reinigungsdusche u. Trockenpackung. Außerdem sämtliche Kneipp'schen Anwendungen. Im Kurmittelhaus, Tel. 933-0
Inhalationen: Kurmittelhaus, Tel. 933-0, Apparatinhalationen mit Meerwasser
Krankengymnastik: Kurmittelhaus, Tel. 933-0
Massagen: Unterwassermassage, Ganzmassage, Halbmassage, Bindegewebsmassage, Bürstenmassage, Manuelle Lymphdrainage, Bewegungsübungen, Atemtherapie, Heißluftbehandlung. Im Kurmittelhaus, Tel. 933-0
Schlickpackungen: im Kurmittelhaus, Tel. 933-0
Sauna: im Kurmittelhaus, Tel. 933-0
Solarium: im Meerwasser-Wellen-Hallenbad, Tel. 933-0
Strandgymnastik: siehe Infoteil 6
Therapiebecken: am Meerwasser-Wellen-Hallenbad, Beckengröße 12,5 x 5 m, 33°C Wassertemperatur, Tel. 933-0
HOTELS MIT EIGENER ANWENDUNG
Hotel Miramar, Original Meerwasser-Wellenbad, Fitneßraum, Sauna, Sonnenbank, siehe Infoteil 4, Tel. 91230
**M Nordseehotel, Eigene Kurabteilung, Schwimmbad, "Friesentherme", siehe Infoteil 4, Tel. 308-0, Fax 308113
Nautic-Hotel Upstalsboom, Sauna, Solarium, Hot-Whirl-Pool, Vollwertkost, Diätküche, siehe Infoteil 4, Tel. 304-0
Hotel Poseidon GmbH, Hallenbad, Sauna, Solarium, Massage, Diätschonkost, siehe Infoteil 4, Tel. 811
Villa Ems, Hallenbad 27 Grad C, Sauna, Solarium siehe Infoteil 4, Tel. 91180
KURÄRZTE: (siehe Infoteil 2)
KUREINRICHTUNGEN
Kurhalle am Meer: mit Lesesaal, Biomaris-Trinkkurhalle, Kurkonzerte
Kurhaus: Tagungs- u. Veranstaltungszentrum, Saal mit 650 Plätzen in Stuhlreihen, Konferenzräume für 20 bis 200 Personen, 2 Fernsehräume, Restaurant-Café, Tel. 933-0

Kurkarten: Fordern Sie die Kurkarten-Bestellung an, Tel. 933-0
Kurmittelhaus: Sauna u. Liegehalle im Gebäude des Meerwasser-Wellen-Hallenbades, Tel. 933-0
Trinkkurhalle: Kurhalle am Meer (Biomaris-Meeres-**Tiefen**wasser)
KURKLINIKEN: siehe Infoteil 2

6. Spiel und Spaß

Ortskennzahl: 04922
Postleitzahl: 26757

ANGELN: Von den Buhnen, im Hafen u. auf Angelfahrten. Das Fischen in Küstengewässern ist frei: Aal, Dorsch, Knurrhahn, Scholle, Makrele, Grundhai. Im "**Hoppschlot**": Barsch, Aal u. karpfenartige Fische mit Sportfischerpaß u. Gastkarte, **SFV Borkum**, Tel. 1887

AUSFLUGSFAHRTEN: siehe Infoteil 7
AUSSICHTSDÜNEN: Erreichbar über Wander- u. Radwege (siehe S.I.–Karte Borkum)
BADEMÖGLICHKEITEN
Meerwasser-Wellen-Hallenbad: Das größte Bad dieser Art in Europa. Wassertemperatur 27° C, geöffnet tägl. außer So 8.^{30}-12.^{00} u, 14.^{00}-19.^{00}, So nur 9.^{00}-12.^{00}, Fr bis 20.^{00} Uhr geöffnet. Tel. 933-0
Badestrände: Nord-, Süd-, Jugendbad, FKK-Strand. Vier bewachte Strandbäder sind entlang der Kurpromenade eingerichtet. Das Baden ist nur an den gekennzeicheten Bädern gestattet. Die Strandbäder sind vom 15.6.-15.9 täglich bewacht. In der Nebensaison siehe Hinweis an den Bademeisterstationen.
Hundestrand: Ist an allen vier Strandbereichen gesondert ausgewiesen.
Strandsauna: am FKK-Strand, Mai-Sept., Tel. 1729
BÜCHER U. BÜCHEREIEN: siehe Infoteil 3
FAHRRADVERLEIH
Borkumer Kleinbahn, Fahrradverleih im Bahnhof
van Gerpen, Inh. Frank Schumacher, Fauermannspad 5 (Am langen Wasser). Sonntags 10.^{00} Uhr Radtour mit Bucki Begemann, (ca. 2,5 Std.) Tel. 7544
Ilse Steemann, Kirchstr. 16, Tel. 1480
JAZZ: Pfingst-Jazz-Festival in verschiedenen Kneipen, Tel. 933-0
KREATIVKURSE: In der Zeit von Juni-September werden Kurse in Seidenmalerei, Fotografie, Buddelschiffbau, Aquarellmalerei, Patchwork u. Kosmetik angeboten, Termine Kurverwaltung, Tel. 933-0
KINDERPROGRAMM
Babysitter-Dienst: Tel. 933-0
Kinderkirche: Kath. Kirche, Kirchstr. 20, Kindermesse So 11.^{30} Uhr, Tel. 3905
Kinderhort im Kinderspielhaus für Kurgastkinder von 3 bis 6 Jahren. Geöffnet in der Saison Mo-Fr 8.^{00}-13.^{00} Uhr u. 14.^{00}-17.^{00} Uhr, Anmeldung erforderlich. Tel. 933-0
Kinderschwimmen: Für Kinder ab 5 Jahre unter Leitung von geprüften Schwimmeistern im Meerwasser-Wellen-Hallenbad, Tel. 933-0
Kinderspielhaus: Neben dem Kurhaus. Tischtennis, Lese- u. Bastelräume. Anmeldung nicht erforderlich. Tel. 933-0

Kinderspielplätze: am Süd-, Nord-, Jugend- u. FKK Strand (Mai-Sept.).
Kinderveranstaltungen: In den Sommermonaten Laternenumzüge, Rollerrennen, Kinderfeste am Strand u. Puppenspiele, Kinderkurkonzerte zum Mitmachen, Wattwandern für Kinder, Kleinkinderfreundliches Baden im Meerwasser-Wellen-Hallenbad, Tel. 933-0
KUTSCHFAHRTEN: Mit Landauern u. Kremsern durch private Unternehmen.
LESESAAL: in der Kurhalle am Meer. (April-Okt.) Kurhaus (Nov.-März)
MINIGOLF: Hindenburgstr., Franzosenschanze.
MUSEEN: siehe Infoteil 7
ORNITHOLOGEN finden auf Borkum eine reichhaltige Vogelwelt, Vogelzugbeobachtungen. (siehe besonderen Artikel)
ORTSFÜHRUNGEN: Sachkundige Führungen u. Fahrradtouren: Bucki Begemann, Franz-Habich-Str. 3, Tel. 4798, Fax 4301.
ROTARY-CLUB: Montags 19.^{00} Uhr - Hotel Poseidon
SPIELBANK BORKUM: Es erwartet Sie Spiel, Spaß und Spannung an über 70 Glücksspielautomaten. Slotmaschines, Elektronisches Roulette, Videogames, Jackpot mit unbegrenzter Gewinnchance. Ab 18 Jahre, tägl. geöffnet, kein Eintritt, kein Spielzwang. Am Bahnhof.
SPORT
Beachvolleyball: Kostenlose Felder am Jugend- u. Nordbad und an der Surfschule.
Drachenfliegen: Am Nordstrand (Schutzzone beachten), an den Zelt- u. Badesträndon nicht gestattet.
Handball: TuS Borkum, Tel. 540

Villa Ems
seit 1895
Nordseeheilbad Borkum
DAS KLEINE HOTEL IM KURZENTRUM
Am Georg-Schütte-Platz 9, 26757 Borkum
Tel. 0 49 22 / 9 11 80, Fax. 0 49 22 / 34 45

Hotel garni — Ferienwohnungen

- Romantik
- Gemütlichkeit
- Komfort
- Fitness
- Hallenbad
- Sauna

"Haus Hobbing", das gemütliche Nichtraucher-Gästehaus, Bahnhofspfad 10, unter gleicher Leitung.

Gymnastik: Strandgymnastik für Erwachsene u. Kinder unter Leitung von geschultem Fachpersonal am Nord- u. Südbad von Juni bis September. Trimm-Trab, Mo-Sa um 8.^{30} Uhr. Gymnastik für Kinder, Mo-Sa um 11.^{15} Uhr. Spiel u. Sport für Groß u. Klein, Mo-Fr ab 14.^{30} Uhr. Das Programm entnehmen Sie bitte den Ankündigungen an den Bademeisterstationen.
Jagd: In der Woche um Christi Himmelfahrt findet die Jagdwoche des Borkumer Reitervereins u. des Reit- u. Fahrclubs Borkum mit der Lipperlandmeute u. den Emsland-Jagdreitern statt, ca. 60 Personen. Tel. 2478 o. 4895.
Reiten: Benutzen Sie bitte nur die gekennzeichneten Reitwege. **Borkumer Reiterverein e.V.**, Reitinstitut der Kurverwaltung, Dodemannsdelle, Tel. 2318. Angebot: Reiten in der Halle, Intensivkurse, Ausritte am Strand. Ganzjährige Unterbringung von Gastpferden. Pächter: Doberenz, Gödecke-Michel-Str. 11, Tel. 910144. **Reit- u. Fahrclub Borkum e. V.:** Ganzjährige Unterbringung von Gastpferden. Stefan Pohl, Ankerstr. 6, Tel. 4895
Segeln: Juli-August Segelregatta mit Hafenfest, Yachthafen Borkum, Tel. 3880
Segeln oder Wasserski nur mit eigenem Gerät.
Segeln u. Surfen: Kurse Wassersportzentrum am Nordstrand, Tel. 2299
Sportverein: TuS Borkum von 1890 e.V., Hindenburgstr., Tel. 540
Surfschule am Nordstrand (Mai-Sept.). Verleih, Reparatur u. Einlagerung der Geräte möglich. Tel. 2299
Tennis: Auf den Turnierplätzen der 6-Platz-Tennisanlage, ganzjährig geöffnete 2-Feld-Halle, an der Bismarckstr., Platzvermietung u. Einzelunterricht vom 15.3. bis 15.10. Tennis- und Badmintonschule im Juli u. August, Tel. 529
Volksläufe: Borkumer Volkslauf u. Wanderserie in der Zeit von März-Okt., TuS Borkum, Hindenburgstr. 97, (15.^{00}-17.^{00} Uhr) Tel. 540
Wanderungen: Auf 120 km ausgebauten u. markierten Wanderwegen können Sie die Vielfalt der Inselnatur kennenlernen. Die Randdünen sowie alle Bereiche in der Ruhezone u. teilweise auch in der Zwischenzone (während der Brutzeit vom 1.4.-31.7.) dürfen nur auf den gekennzeichneten Wegen benutzt werden. Wir empfehlen auch die unter Führung stattfindenden Inselwanderungen u. unsere SI-Inselkarte (4,50 DM).
WATTWANDERUNGEN
werden unter Leitung von Wattführern durchgeführt. Das Betreten des Wattenmeeres ist nur unter Führung eines staatlich geprüften Wattführers gestattet. Tägliche Wattwanderungen veranstaltet u.a. die **Borkumer Kleinbahn**, Tel. 3090, **Ausflugsfahrten Ebeling**, Am langen Wasser. Wattwanderungen mit staatl. geprüften Wattführern: Albertus J. Akkermann, Berend »Tüte« Baalmann. Anmeldung u. Kartenverkauf tägl. 10.^{00}-11.^{00} Uhr. Tel. 4959 u. 1694. **Fa. Teichert**, staatl. geprüfter Wattführer Heinrich Poppinga, Tel. 3403

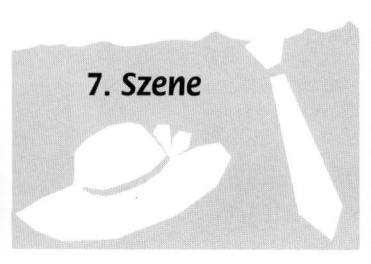

7. Szene

Ortskennzahl: 04922
Postleitzahl: 26757

AUSFLUGSFAHRTEN: Die Borkumer Kleinbahn bietet Ausflugsfahrten nach Helgoland, zu den Nachbarinseln, zu den Seehundsbänken u. zum Krabbenfang, Schiffsreisen rund um die Insel, Tagesreisen nach Groningen

mit Marktbesuch, Tagesreisen nach Holland mit Kirchen- u. Burgbesichtigungen, zum Fischerort Greetsiel, Insel-Busrundfahrten, Busfahrten zum Seenotkreuzer "Alfried Krupp". Besonderer Aushang. Tel. 3090
BÜCHEREIEN: siehe Infoteil 3

ERLEBENSWERTES
LEUCHTTURMBESTEIGUNGEN:
Neuer Leuchtturm, Strandstr. **Öffnungszeiten:** im Sommer tägl. $10.^{30}$-$11.^{30}$ Uhr u. $15.^{00}$-$16.^{30}$ Uhr, tlw. auch $19.^{00}$-$21.^{00}$; übrige Zeit: Di, Fr, So $15.^{00}$-$16.^{30}$ Uhr
Alter Leuchtturm: Kirchstr., **Öffnungszeiten:** Mo, Mi, Fr, Sa $10.^{30}$-$11.^{30}$ Uhr. Gruppen- u. Sonderführungen nach tel. Anmeldung, Tel. 2961 u. 2855.
Kutschfahrten: mit Landauern u. Kremsern durch Privatunternehmer.
Nordsee-Aquarium: An der Promenade am Südstrand (Sonnenterrasse) zeigt die Unterwasserwelt von Borkum, von März-Okt. geöffnet, tägl. $10.^{00}$-$12.^{00}$ Uhr u. $14.^{00}$-$17.^{00}$ Uhr, Sonntag- u. Montagnachmittag geschlossen, Tel. 1588
Rundflüge: Tel. 3838

FESTE:
Ostern: Osterfeuer u. Osterball
Himmelfahrt: Jagdwoche des Borkumer Reitervereins, Tel. 2478
Mai: Traditionelles Maibaumaufstellen am Pfingstsamstag
Segelregatta mit Hafenfest, Tel. 7877
Pfingsten: Jazz-Festival
Juli: Straßenfest des Heimatvereins, Tel. 674

» **Borkumer Bücherstube** «

Beratung

Bestellservice

Umfangreiche

Auswahl

Zeitungen - Zeitschriften

Franz-Habich-Str. 2a • Tel. 43 70

Juli/August: Segelregatta mit Hafenfest, WSVB-Burkanahafen, Tel. 7877
Juli/August: Bäder-Tennis-Turnier, Tel. 529
August: Standfete der "Borkumer Jungens"
Dezember: Weihnachtsball; Sylvesterball
Auskünfte u. Veranstaltungsplan: Tel. 933-0
KINO: Franz-Habich-Str.
MUSEEN U. AUSSTELLUNGEN
Nationalparkschiff Borkumriff: Das zum technischen Museum ausgebaute "Feuerschiff Borkumriff" wird als Nationalparkschiff für besondere Aktionen eingesetzt und bietet Informationen, Führungen und Seminare zu Themen des Natur- u. Umweltschutzes an. Es liegt im Schutzhafen (siehe auch Artikel "Von Tonnen, Türmen u. Feuern"). Geöffnet: **18.3.-2.11.** tägl. außer Mo 9.^{45}/10.^{45}/11.^{45}/13.^{45}/14.^{45}/16.^{15} Uhr. **3.11.-16.3.** Di, Do, Sa 13.^{15} u. 14.^{45} Uhr. Führungen nach Vereinbarung (Dr. Tonner), Tel. 2030
Heimatmuseum "Dykhuus". Öffnungszeiten: im Sommer tägl. außer Mo 10.^{00}-12.^{00} u. 16.^{00}-18.^{00} Uhr, im Winter Di+Sa 15.^{00}-18.^{00} Uhr, Roelof-Gerritz-Meyer-Str., Tel. 4860 u. 4905
Kunstausstellungen: Ausstellungen im Kurhaus, Tel. 933-0

WEITERE INTERESSANTE MUSEEN AUF DEM FESTLAND
EMDEN
Kunsthalle Emden, Stiftung Henry Nannen, Hinter dem Rahmen 13, Di 10.^{00}-20.^{00} Uhr, Mi-Fr 10.^{00}-17.^{00} Uhr, Sa u. So 11.^{00}-17.^{00} Uhr. **Hinweis:** Bei Ausstellungswechsel ist die Kunsthalle jeweils etwa 1 Woche geschlossen. Tel. 04921/975050
Ostfriesisches Landesmuseum u. Emder Rüstkammer Neutorstr., So-Fr 11.^{00}-17.^{00} Uhr, Sa 13.^{00}-17.^{00} Uhr. Im Winterhalbjahr ist Mo. geschlossen und ansonsten nur bis 16.^{00} Uhr geöffnet Tel. 04921/87478
Museums-Feuerschiff "Amrumbank" und Heringslogger AE 7. Im Ratsdelft, Mo-Fr 10.^{00}-13.^{00} u. 15.^{00}-17.^{00} Uhr, Sa u. So 11.^{00}-13.^{00} Uhr, (nur Saison) Tel. 04921/23285
Museumsrettungskreuzer "Georg Breusing": Im Ratsdelft
Dat Otto Huus, Spezialmuseum des "Ostfriesenkomikers" Otto Waalkes, Große Str. 1, Mo-Fr 9.^{30}-18.^{00}, Sa 9.^{30}-13.^{00} bzw. 16.^{00}, in der Saison (April - Oktober) zusätzlich So 10.^{00}-16.^{00}, Tel. 04921/22121
NORDEN
Heimat-und Teemuseum Norden: Im Alten Rathaus am Marktplatz. Ostfr. Wohnkultur, Zinngießerwerkstatt, einziges Teemuseum in Europa. Geöffnet Di-So 10.^{00}-16.^{00} Uhr und nach Vereinbarung unter Tel. 04931/12100 o. 12892

THEATER/VORTRÄGE
Es werden Gastspiele der Landesbühne Niedersachsen Nord veranstaltet. Weiterhin treten eine Reihe von Tournee- u. Boulevard-Theater mit Starbesetzung auf. Während des ganzen Jahres halten einheimische Fachleute im Rahmen des Veranstaltungsprogramms der Kurverwaltung Lichtbildervorträge über die Inselwelt der Nordsee. Auskunft über die Tagespresse u. Tel. 933-114 oder -115

Ortskennzahl: 04922
Postleitzahl: 26757

8. Leib und Seele

KIRCHEN U. GEMEINSCHAFTEN
Christl. Versammlungen, Weidenstr. 4,
Gottesdienst So 16.^{30} Uhr
Evang.-Luth. Christus Kirche, Goethestr.
4, am Neuen Leuchtturm, Sa 19.^{30} Uhr,
Wochenschlußandacht im Wechsel mit der
ref. Gemeinde. Gottesdienst So 10.^{00} Uhr.
Veranstaltungen: Kurkantorei, Offenes
Singen, Bibelgespräche, Vorträge, Konzerte. Tel. 2253
Evang.-ref. Kirche, Wilhelm-Bakker-Str. 5, Sa 19.^{30} Uhr Wochenschluß-
andacht im Wechsel mit der luth. Gemeinde, Gottesdienst So 10.^{00} Uhr,
parallel Kindergottesdienst. Tel. 91270
Kath. Kirche, Kirchstr. 20, Gottesdienst: Sa 19.^{00} Uhr u. So 10.^{00} Uhr, Kinder-
messe: So 11.^{30} Uhr, Tel. 3905
Neuapostolische Kirche, Reedestr. 22, Gottesdienst: So 9.^{30} u. 17.^{00} Uhr, Mi 19.^{30}
Uhr. Veranstaltungen: Sonntagsschule u. Kindergottesdienste: So 9.^{30} Uhr.
Übungsstunden des **gemischten Chores** sowie örtl. **Jugendstunden** sind beim
Jugendleiter, Tel. 4861, oder Gemeindevorsteher zu erfragen, Tel. 3280 o. 3724.

HILFEN U. INITIATIVEN
Anonyme Alkoholiker (AA), Angehörigengruppe (Al-Anon). Do 20.^{00} Uhr
Gemeindehaus "Arche", Goethestr. 14
Deutscher Naturschutzbund, Kontaktperson Jürgen Braun, Richthofen-
str. 31, Tel. 1209

Ende?.

Sie sind nun fast am Ende unseres Touristikführers angekommen, und wir hoffen, daß Ihnen die Lektüre Spaß gemacht hat. Der Kontakt, den Sie auf diese Weise zu unserem Hause gefunden haben, sollte aber damit noch nicht am Ende sein: Wir freuen uns, wenn Sie uns auf der Rückseite Ihre Kritik und Ihre Verbesserungsvorschläge mitteilen. Unsere Touristikführer werden alle 2 Jahre neu aufgelegt, so daß wir jeden Verbesserungsvorschlag relativ kurzfristig umsetzen können.

Im übrigen gibt es S.I.-Touristik- und Städteführer von folgenden Regionen:
Amrum, Borkum, Eckernförde, Fehmarn, Föhr, Norderney, Rügen und Hiddensee, Eiderstedt, Sylt.

Als Ergänzung zu unseren Touristikführern empfehlen wir unsere Touristikkarten und Stadtpläne. Ihr Buchhändler informiert Sie hierüber gerne.

S.I.-Touristikführer — die etwas andere Art, den Urlaub zu gestalten

S.I.-Verlag, Am Rosensee 15, 24223 Raisdorf, Tel. 0 43 07 / 83 21 12, Fax 0 43 07 / 83 21 15

Verbesserungen + Korrekturen

9850.4

Ich habe das FAÜ Borkum gekauft bei

_____

Folgende Verbesserungen, Berichtigungen, Ergänzungen schlage ich für die nächste Ausgabe vor:

_____

_____

_____

_____

_____

Ich erhalte als kleinen Dank für meine Mühe drei S.I.-Karten im Wert von ca. 10,- DM kostenlos (bitte gewünschte Titel unterstreichen).

Amrum, Borkum, Büdelsdorf, Eckernförde, Eiderstedt, Fehmarn, Föhr, Hiddensee, Itzehoe, Juist, Kappeln, Malente, Norderney, Plön, Preetz, Rendsburg, Schwarmstedt, Sylt, Vechelde.

Name: _____

Anschrift: _____

Telefon: _____

Bitte ausschneiden und senden an:

S.I.-Verlag
Am Rosensee 15, 24223 Raisdorf,
Tel. 0 43 07 / 83 21 12 • Fax 0 43 07 / 83 21 15